guide

导读
巴特

Roland Barthes

格雷厄姆·艾伦 (Graham Allen) 著

杨晓文 译

重庆大学出版社

献给伯尼

用我全部的爱，在我们结婚之年

送给你的一份小礼物

目　录

我们今天
为什么需要导读书?

　　这批来自"劳特利奇批判思想家"(Routledge Critical Thinkers)系列的小书,构成了"思想家和思想导读"丛书的基石。早在丛书策划之初,我们就在豆瓣那个"藏龙卧虎"之地结识了一群志同道合的朋友。我们之间的对话从一个提问开始——"我们今天为什么需要导读书?"

　　我们今天对西学的译介,依然有一些是盲目跟进式的译介,而缺乏系统、深入的相关性研究。[1]

　　面对有识之士发出的这句尖锐批评,我们试图借助这一发问所引发的一系列思考,探寻专业性导读对于中国学界,特别是初入门者,意味着什么。呈现在我们面前的这套译作,是加入这次"探寻之旅"的朋友们,用他们的精彩译笔所作的回应。然而,在文本之外,一些智慧之果还散落在他们的言说之中,需要显现。

1　王晓路.序论:词语背后的思想轨迹[M] // 王晓路,等.文化批评关键词研究.北京:北京大学出版社,2007:5.

豆瓣 id：フ

"地图书"（将导读书视为探索思想的地图。）这个说法很不错，和弗雷德里克·詹姆逊（Fredric Jameson）的认知地图（cognitive mapping）有异曲同工之妙。

如果让我来定位入门书的意义的话，我会借用詹姆逊提出的另一个概念，即消逝的中介（vanishing mediator）。在一个辩证扬弃的过程中，一个"消逝的中介"发挥这样的作用：它施力于前一个状态从而引导出后一个状态，这个过程完成的同时它即消逝。

如果把入门书比作一个"消逝的中介"的话，它不怕当初的读者回过头来觉得它有种种缺陷和不足，因为这恰恰是它所想要达成的。如果一套入门书能发挥这样一个作用，我觉得它的编撰者就应该没有遗憾了。

豆瓣 id：剧旁

（李三达，湖南大学文学院讲师）

目前，很多中国学生读书进入了误区，就是认为读原典才是正道，解读的书一概不读，生怕这些人家咀嚼过的内容会影响他们对原典的认知。这真是再荒谬不过了，而我导师一再强调要规避这种误区，不要总摆出一副不世奇才的心态，别人苦心经营的研究成果只能是明灯，与原典相辅相成，待到你学力足够方知深浅和漏洞，彼时再别出心裁不迟。我深以为然。

豆瓣 id：坏卡超

二手文献或导读性文献确实很有必要。并且也应该重视英语世界的二手文献。尽管英语世界不是欧陆哲学的发源地，但英语作者一般都会比较注重用清晰易懂的语言来解释深邃的道理。

豆瓣 id：近视眼女郎

（路程，上海外国语大学文学研究院助理研究员，《导读阿多诺》译者）

我个人以为，无论从学术还是知识普及的角度来说，系统引进导读类的书都是多多益善的。当我想了解某位思想家，首先会做的，也是去寻找一些靠谱的导读书来看。

豆瓣 id：年方十八发如雪

国内许多入门级、导论级著作，往往都是引了过多的原文，而非对文本本身的解读。换言之，本来是要作者来解释文本，结果成了作者从原著中摘了几句话，让读者自行领会。或者直接就是由作者的一些论文拼凑出来。这样的后果自然是让初学者一头雾水，完全起不到导论的功能。

相比而言，Critical Thinkers 这套书的一个优点就是由作者带领读者读文本，其次就是每本书后面的文献相对来说都比较齐全，有助于进一步的研究，最后是该系列的很多思想家都是国内很少涉及的，比如阿甘本等，引进来也有开拓作用。总之，老少咸宜。

豆瓣 id：Igitur

（于长恺，爱好阅读法国当代哲学书籍）

毕竟从原著开始着手，需要忍受其本身的拗巴语言风格，西式的语法结构，不同的文化背景、语境。能够有可靠、系统的介绍文本为后续的阅读指引道路，可以节省许多绕弯路的时间，减少初学者的挫折感，增强学习兴趣。

豆瓣 id：H.弗

（卢毅，复旦大学哲学学院）

这些著作就成了维特根斯坦所说的"梯子"，特别是初学者在很大程度上需要借助它们来对某位思想家基本的思想观点先有个大致的把握和了解,这样,一方面可以帮助人们铺平一些道路、消除一些畏难心理,另一方面可以作为一个引子更好地激发起人们的学习兴趣而不只是无助感与挫败感。

豆瓣 id:Gawiel

(马景超,美国维拉诺瓦大学[Villanova University]哲学系博士在读,《导读波伏瓦》译者)

我以前在国内读书的时候,也经常感到这样的不便,尽管黑格尔、康德和海德格尔等寥寥几位有一些不错的入手读物,但是大部分人还是缺乏类似的读物来引荐。我也非常希望能够通过"地图书"来改变大家的读法,否则,对于很多学科和很多学者都只是停留在泛泛了解一点的程度上,很难进行有建设性的学术研究。比如,人人都知道福柯谈"权力",然而什么是权力,则需要深入阅读福柯的几本作品,并且能够将不同作品里面的理念联系起来,才能有所了解,否则只是在用我们日常语言中的"权力"去套用福柯的牙慧。如果没有导读性质的作品,读者(尤其是本来就没有精读压力的人)就很容易停留在套用牙慧这个地方,而对于真正有意思的书望而却步。

还有像巴特勒(Butler)这样的作家,作品中有一些话看上去很有力("性别是一种操演"),但是理解前后文就需要知识背景("主体由操演建构")了。那么,如果没有导读类的书,一般读者很容易就理解为:一个人可以自由决定自己扮演男性还是女性,而这恰恰是巴特勒(作为反人文主义[anti-humanism]传统的继承)最不可能持有的观点,她想说的恰恰是自我的形成过程中,性别作为一种操演已经参与了这一形成,因此没有性别之外、语言之外的"无性别"、"前性别"的主体。

这些都是我常见到的误解,我觉得也许导读类书的引介可以改变这种"好读书不求甚解"的现状,尤其是对于并非哲学专业,但是需要运用到哲学理论的人,导读类的书更可以起到介绍理论背景和避免断章取义的作用。

豆瓣 id:迷迭香
(李素军,中国社会科学院文学所博士研究生)

作为一个理论专业的学生,我深知直接读原著的个中艰辛。理论难读的原因之一是翻译,抛却误译等人为因素,西方思想转换到中文语境里所带来的语言的晦涩也是一个很大的问题;其二,每个思想家都有自己的理论语境,他在继承什么,反对什么都不是短时间内可以看明白的,换言之,我们得摸清楚他的理论轨迹。

豆瓣 id:霍拉旭的复仇
(汪海,中国人民大学文学院讲师)

从学生过来的我,也经历过一个阶段,听到很多老师强调直接阅读原典,生怕受二手资料的影响。但实际上,若没有一个导读的阶段做宏观把握,直接读原典的结果就是不知所云,看了就忘。

我个人从来不相信"白板说",以为学生在不读二手书之前是纯洁的、不受污染的、具有反思力的"白板"。没有大量的阅读,根本培养不出反思力,导读是必需的,最好是有多重不同看法和角度的导读。

极其要不得的是对原典的态度——面对"名著"没有一颗平常心:或者极其功利地想要推翻它,从而证明自己的高明;或者直接拜倒,因为它是"典",是权威。好的读书方法就是培养好的民主政治素质,要学会听不同的意见,"名著"之所以是名著,不是因为它是"典",是权威(虽然它有权威性),而在于它是一个伟大的空间,容得下太多的探讨、太多的声音,不断激发更多的思考、更多的创造,所以才有那么多人前赴后继地走进来。

导读不妨把它看作是一个邀请、一个好客的举动,带我们进入原著的空间,而不是助教,不是训导,不是"原著"这个白胡子老头打算教训弟子之前的开场白或者清清嗓子。

导读也是前人外出探险之后留下来的攻略,不可能事事准确、面面俱到,它邀请你历险,最后写出自己的攻略。

前面说过,我不相信白板——没有单纯的读者。没有导读的读者,他会用从前未经反思的有限阅读经验当导读。如果他自以为此前完全没有受过二手思想的影响,他反而缺乏对自我的反省和批判。

译者前言

　　罗兰·巴特在现代文学及文化理论等方面的重要性毋庸赘言。许多巴特所提出并发展的概念早已成为文学及文化批评领域的"常识"。那么巴特的主要思想观点有哪些？他的理论产生的来龙去脉如何？这本导读性著作为我们提供了清楚便捷的解答。本书也因此早已成为巴特研究者们的必读之作。

　　作者以巴特的主要思想为脉络，将对巴特个人著述的讨论与时代背景相结合，一一介绍并分析了巴特的主要作品。可以说，巴特的著述生涯几乎反映了当代文学及文化理论的变迁史。从马克思主义到结构主义、符号学，从结构主义到文本性，从文学文本到日常之物如服饰、广告、电影剧照，从戏剧到音乐、摄影，从追随前辈们的理论足迹，到最终摆脱理论、自成一格，巴特作为理论家和作家，不断地推陈出新，为后人留下了丰富的遗产。值得注意的是，本书对重要的哲学术语的解释，通俗易懂，辅以实例，极大地方便了读者更好地了解相关的背景知识。

　　尽管梳理出巴特的主要思想脉络及其发展历程对于研究巴特来说十分必要，但本书作者强调：巴特作为理论家、作家的风格是不可模仿的。可以效仿的是他的开放的、先锋的姿态 。当前在人文领域的后现代主义背景下,理论的大破大立、绝对创新已不再可能。今天的世界比巴特的时代更为复杂和多元。网络文化和社交媒体大行其道,流行文化日益主宰人们的生活,无论是文学艺术还是视觉艺术,似乎都变得更为庸俗和廉价。一方面,巴特在对日常神话、摄影、音乐等方面的理论成果显示着旺盛的生命力,引导更多的研究者继续深入地挖掘其中的现实意义。另一方面,如何在这众声喧哗、光怪陆离之中保持清醒的头脑,超越庸俗和混乱,发出自己独特的声音,是理论家和作家,以及普通读者们共同面对的难题。巴特给予我们的启示在于,尽管他关注的主题不断变化,他对所谓的"正统"和"主流"的批判态度却始终如一。巴特的思想就像泡沫下的水流,永远在流动,永远那么清澈,是取之不尽的创新意识的源泉。

翻译此书的过程对于译者来说也是进一步发现、领悟巴特的过程。译者深感收获颇多,每每被巴特的思想之光所折服。此外,本书对巴特文本的翻译参考了之前的中译本。在此向翻译界的前辈表示感谢。谢谢编辑邹荣的理解和支持。由于本人水平有限,疏漏谬误之处在所难免,欢迎批评指正。

杨晓文

2015 年 1 月于新西兰奥克兰

丛书编者前言 [1]

本丛书提供对影响文学研究和人文学科的主要批判思想家的介绍。当在研究中遇到一个新的名字或概念时，本丛书中的某本可以成为你阅读的首选著作。

丛书收录的每一本著作都将通过解释一位重要思想家的核心观念，把这些观念置入语境并且——也许，最重要的是——向你展示为什么这位思想家被认为是重要的，来帮助你进入她或他的原始文本。这是一套不需要专门知识的简明、清晰的导读系列。尽管聚焦于特定的人物，本丛书也强调，没有一位批判思想家是在真空中存在的。相反，这样的思想家是从更广泛的智识的、文化的和社会的历史中出现的。最后，这些著作将在你和思想家之间搭建一座桥梁：不是取代原文，而是补充她或他的作品。

编写和出版这些著作是非常必要的。在 1997 年出版的自传《无题》(*Not Entitled*) 中，文学批评家弗兰克·克默德 (Frank Kermode) 描写了发生在 20 世纪 60 年代的这样一段时间：

1　本前言由王立秋 (豆瓣 id：Levis) 翻译。——编者注

在美丽的夏日草地上,年轻人整夜地躺在一起,从白天的劳顿中恢复过来,聆听着巴厘音乐家的巡回演出。在毛毯和睡袋下,他们懒洋洋地谈论着当时的大师们……他们重复的大多是传闻;因此我在午休时,非常即兴地提议,做一套简短、廉价的丛书,提供对这些人物的权威而易懂的导读。

对"权威而易懂的导读"的需要依然存在。但本丛书反映的却是一个不同于20世纪60年代的世界。随着新的研究的发展,新的思想家出现了,而其他思想家的声誉则盛衰不一。新的方法论和挑战性的观念在艺术和人文学科中传播开来。文学研究不再——倘若它从前如此的话——仅仅是对诗歌、小说和戏剧的研究与评价。它也是对在一切文学文本和对这些文本的阐释中出现的观念、问题和疑难的研究。别的艺术和人文学科也发生了类似的变化。

新的问题也随之出现。在人文学科的这些剧变背后的观念和问题,经常被不以更广泛的语境为参照地呈现出来,或被呈现为你可以简单地"加"在你阅读的文本上的理论。当然,有选择地挑出某些观念,或使用手头现成的东西并没有什么错,而且确实有一些思想家认为事实上我们能做的就是这些。然而,有时人们会忘记,每一个新观念都是出自于某个人的思想的底样及其发展,而研究他们的观念的范围和语境是重要的。与"浮于空中的"理论相反,本丛书贯之始终的是把这些重要思想家和他们的观念放回它们原本的语境中去。

不仅如此,本丛书收录的著作还反映了回归思想家自己的文本和观念的需要。一切对某个观念的阐释,甚至是看起来最为单纯的阐释,也会或隐或现地给出它自己的"有倾向性的陈述(spin)"。只阅读论述某位思想家的著作,而不读该位思想家的文本,就是不给你自己做决定的机会。有时,使一位重要人物的作品难以进入的,与其说是它的风格或内容,不如说是(读者)不知道从哪里开始的那种感觉。本丛书的目的,就是通过为这些思想家的观念和著作提供一个容易理解的概述,通过引导你从每位思想家自己的文本开始进行进一步的阅读,来给你一个"入口"。用哲学家路德维希·维特根斯坦(1889—1951)的比喻来说,这些书是梯子,是在你爬到下一层楼后要扔掉的东西。因此,它们不仅帮助你进入新的观念,也会通过把你领回理论家自己的文本,并鼓励你发展你自己的有依据的意见,来给你力量。

最后,这些书之所以是必要的,是因为,就像智识的需要已经发生变化那样,全世界的教育系统——通常导读就是在这个语境中被阅读的——也发生了根本的变化。适合 20 世纪 60 年代的精英型高等教育系统的东西,不再适合 21 世纪更大、更广、更多样的高科技教育系统了。这些变化不仅要求新的、与时俱进的导读,也要求新的介绍方法。本丛书的介绍方式,就是着眼于今天的学生而发展出来的。

丛书收录的每本书都有类似的结构。它们一开始的部分,都提供对每位思想家的生平和观念的概述,并解释为什么她或他重要。每本书的核心部分,都讨论了该思想家的核心观念,这些观念的语境、演化和接受(情况)。每本书也都以对该思想家之影响的审视——概述他们的观念如何被其他思想家接纳和阐发——作结。此外,每本书的书末,都附有一个建议和描述进阶阅读书目的部分。这不是一个"附加的"内容,而是全书不可或缺的组成。在这个部分的第一部分,你会发现对书中所涉及思想家的核心著作的简述;此后,是关于最有用的批评著作的信息,有时候也有一些相关网站。这个部分将引导你的阅读,使你能够跟随你的兴趣并发展出你自己的计划。丛书中的注释是按所谓的哈佛系统(在文本中给出作者的姓名和参引著作的出版日期,你可以在书后的参考文献中查到完整的信息)给出的。这种注释方式在极小的空间中提供了大量的信息。丛书也会对技术性术语加以解释,并用方框插入对一些事件或观念的更加细节性的描述。有时,方框也用于强调一些该思想家惯用或新创的术语的定义。这样,方框在某种程度上也起到了术语表的作用,在快速浏览全书时很容易找到它们。

丛书收入的思想家是"批判的",出于三个原因。首先,我们按照涉及批评的主题来考察他们:主要是文学研究或者说英语和文化研究,但也涉及其他依靠对书本、观念、理论和未受质疑的假设进行批判的学科。其次,他们是"批判的",因为研究他们的作品将为你提供一个"工具箱",这个"工具箱"将服务于你自己的有理据的批判的阅读和思考,而这一阅读和思考,将使你成为"批判的"。再次,这些思想家之所以是批判的,因为他们至关重要:他们与观念和问题打交道,这些东西能够颠覆我们对世界、对文本、对那些想当然地接受的一切的常规理解,给我们对我们已经知道的东西一种更加深刻的理解,给我们新的观念。

没有导读能告诉你一切。然而,通过提供一条进入批判思考的道路,本丛书希望让你开始参与这样一种生产性的、建设性的、可能改变你一生的活动。

致　谢

感谢鲍勃·伊格尔斯顿（Bob Eaglestone）、塔利娅·罗杰斯（Talia Rogers）、利兹·汤普森（Liz Thompson）及其他劳特利奇团队成员的专业精神和帮助。感谢科克大学所提供的假期，本书的主体部分在此期间完成。最感激的仍然是伯尼（Bernie）、达尼（Dani）和克丽丝（Chrissie），谢谢你们在本书写作期间对我的包容。还要感谢托尼·亨德森（Tony Henderson），本书是在他做的漂亮的桌子上写成的；感谢艾利克斯·戴维斯（Alex Davis）提供给我他自己都没想到的那么多的书；感谢保罗·赫加蒂（Paul Hegarty）和我聊天、给予我中肯的建议，并极为严格地审读了本书。我从他那里获得了很多启发，当然，也感谢他与我分享了精彩的一季。感谢安·菲茨（Ann Fitz）的无限耐心和珍贵友谊。感谢马丁·麦克亨利（Martin McHenry）和他团队的小伙子们出色的专业知识，当然还有他们优秀的编辑能力；感谢艾贝尔·沃尔什（Eibhéar Walshe）在罗马和科克关于巴特和其他问题的重要的谈话；感谢马尔科姆·加勒德（Malcolm Garrard）能够听懂我脑中的想法，也让我分享他的想法；感谢罗伊·塞拉斯（Roy Sellars）——是战友也是益友；感谢诺拉·克鲁克(Nora Crook)和帕姆·莫里斯(Pam Morris)对我的信任和她们的宝贵时间,她们是我作为个人和学者学习的榜样。

书名缩写

几乎所有巴特的作品都有英译本。本书提到的作品缩写如下：

BSW 《巴特选集》 *Barthes：Selected Writings*（1982）*

CE 《批评论文集》 *Critical Essays*（1972）

CL 《明室:摄影纵横谈》 *Camera Lucida：Reflections on Photography*
（1981）

CT 《批评与真理》 *Criticism and Truth*（1987）

ESe 《符号学原理》 *Elements of Semiology*（1984）

ESi 《符号帝国》 *Empire of Signs*（1982）

ET 《埃菲尔铁塔和其他神话学》 *The Eiffel Tower and Other Myth-
ologies*（1979）

FS 《流行体系》 *The Fashion System*（1983）

GV 《声音的纹理:1962—1980 访谈集》 *The Grain of the Voice：In-
terviews*，1962—1980（1985）

IMT 《图像—音乐—文本》 *Image-Music-Text*（1977）

In 《事件》 *Incidents*（1992）

---

* 此为英译本出版年份。——译者注

LD   《恋人絮语》 *A Lover's Discourse: Fragments*（1978）

M   《米什莱》 *Michelet*（1987）

MY   《神话学》 *Mythologies*（1972）

NCE   《新批评论文集》 *New Critical Essays*（1980）

OR   《论拉辛》 *On Racine*（1964）

PT   《文本的愉悦》 *The Pleasure of the Text*（1975）

RB   《罗兰·巴特论罗兰·巴特》 *Roland Barthes by Roland Barthes*
（1977）

Res   《回应:〈如是〉访谈》 'Responses: Interview with *Tel Quel*'
（1998）

RF   《形式的责任》 *The Responsibility of Forms*（1985）

RL   《语言的窸窣》 *The Rustle of Language*（1986）

SC   《符号学挑战》 *The Semiotic Challenge*（1988）

SFL   《萨德/傅里叶/罗耀拉》 *Sade/Fourier/Loyola*（1976）

SW   《作家索勒斯》 *Sollers Writer*（1987）

S/Z   《S/Z》 *S/Z*（1974）

TT   《文本的理论》 'Theory of the Text'（1981）

WDZ   《写作的零度》 *Writing Degree Zero*（1984）

为什么是巴特？

　　罗兰·巴特是现代文学及文化理论的关键人物之一。他的作品影响了包括结构主义、符号学、后结构主义、文化研究，以及精神分析文学批评在内的众多理论流派和方法。巴特是少数几个可以被称为奠定了现代文学及文化理论基础的人之一。要研究当代理论，必须从了解和研究他的作品开始。

　　巴特因诸多建树而闻名：他宣称了"作者之死"；阐述了互文性的理论与方法；推动了文化符号系统研究，这些系统存在于我们日常所见的广告、汽车和建筑设计，以及每年所消费的时装之中。作为在大学系科和课程内外都广受欢迎的理论家，巴特影响了许多当代最重要的关于文学、艺术、文化生活等方面的理论。许多人文社科专业的学生在未读到巴特的作品之前，就已经受过他思想的熏陶了。

巴特的生平

1915 年 11 月 12 日,巴特出生于瑟堡,是路易·巴特和亨利特·毕格尔之子。路易·巴特是一名海军军官,在罗兰·巴特未满周岁时在"一战"的一次海战中阵亡。巴特的童年是在巴约纳与母亲、祖母(贝尔特·巴特)和姑母(爱丽丝)一起度过的。他的姑母是钢琴教师,启发了他终生对音乐的热爱。尽管在 1924 年与母亲移居巴黎,巴约纳,这座靠近法国与西班牙边境的城市,仍然是巴特一生中最常回去的地方。巴特的传记作者路易-让·卡尔维,这样写道:"他一直觉得自己是巴斯克人或者加斯科涅人,从不认为自己是巴黎人,当然,更谈不上是诺曼人了"(Calvet 1994:12)。成年后,巴特的人生主要交织着两件事情:作为学生,他才华出众,前途无量;另一方面,从 1934 年开始,糟糕的健康状况一直持续。从 1934 年到 1947 年,由于肺结核反复发作,巴特的健康状况多次恶化。肺结核病要求病人长期在疗养院隔离治疗,这意味着巴特的学术研究时常被中断。由于长期住院,巴特没能完成著名的教师招聘会考。在法国,通过这种会考,学者们可以获得在传统大学的教学职位。因此,作为一个享有国际声誉的学者,巴特的学术生涯并不如我们想象的那么顺遂。从 1940 年代后期直至 1960 年代前期,巴特曾在罗马尼亚、埃及以及巴黎的许多大学里获得过一些短暂的教学和研究职位。直到 1962 年,当巴特被任命为巴黎高等研究院(École Prâtique des Hautes Études,EPHE)的研究部主任时,他的学术生涯才开始稳定下来,不仅得到了永久教职,也获得了学术界的认可。1976 年,巴特最终被法国学术界的最高殿堂所接纳,他被任命为法兰西学院(Collège de France)文学符号学的教授。值得注意的是,尽管法兰西学院比巴黎高等研究院历史更为悠久,在很多方面来说更具声望,但两者都不同于颁发学位的传统大学。这两个机构都致力于研究生教学以及最具创新性的研究。因而,巴特的学术研究是在颁发学位的传统大学之外的纯研究环境中进行的。所以,并不能将巴特年轻时欠佳的健康状况看作是形成其最终学术思想的唯一决定性因素。巴特曾明确指出,他在学术道路上有意避开了像索邦大学那样颁发学位的传统大学。

当时,巴特已经在法国学术和知识分子界声名显赫,被法兰西学院接纳并担任文学符号学教授通常被认为是一种迟到的认可。对于这种认可,巴特和法兰西学院双方都曾有过迟疑。在他获得任命时所做的讲座上,巴特称自己是"明显不正宗的家伙",凭大家的默许而不是合格的资历,进入了"一个由科学、学术成就、严谨,以及训练有素的创新能力所支配的机构"(BSW:458)。很显然,巴特担心入选法兰西学院会使他与自己写作生涯中一直想对抗的事物联系起来(比如权力、当权者、意识形态规范、传统观念等)。那些支持他入选的人似乎也和他有着同样的担心。例如,在卡尔维引用的福柯支持巴特入选的报告中的一段文字里,福柯认为巴特的作品是"新潮的",并且反映了当前的"时尚、激情、一时的狂热甚至夸大其词"。但福柯同时也指出,巴特的作品揭示了"更为丰富和深层次的文化现象的存在"。他补充道:"这些声音,这些我们今天在大学以外听到的为数不多的声音,难道它们不是我们当代历史的一部分吗?难道我们不应对它们表示欢迎吗?"(Calvet 1994:212-13)。无疑,福柯的表述,既关乎巴特,也关乎他自己。福柯将巴特称为

"在大学之外听到的"声音,这样的定位既生动又准确。

理论:另一种声音

　　基于他的生平经历以及理论主张,巴特的写作总是在既定范式以及权力中心之外进行。作为一个边缘声音,巴特的作品总是质疑那些通常来说被普遍认可的、因而具有权威性的观念和态度。这些观念和态度之所以具有权威性是因为他们更符合常规,并且由国家资助的大学所认可。按最平常的理解,这似乎使得巴特成了一个麻烦制造者,他的离经叛道有时有正当的理由,有时则站不住脚。然而,巴特不断变化的论调,能够为我们在将理论作为一种论述方法[1](discursive practice)方面,提供重要的启示或提醒。作为理论作品的作者,尽管巴特的论述方法不断变化,但每当他感到一种方法或者一套观念变得稳固,变得被广泛接受并被吸收成为一种专业的学院式的话语的时候,他就将他的论述转移到别处。之所以这么做,是因为对他来说,甚至是对大部分现代理论的创始人来说,理论的论述必须挑战既有观念,质疑那些不可避免地支配着任何语言结构的正统观念。如果说理论的根本目的之一是让我们认识到所有语言结构运用的任意性以及在特定文化中的不同特性,那么理论必须攻击那些稳定的、普遍合理和永恒的语言结构。如果理论所使用的语言变得官方、正统、不容置疑,那么这样的攻击就无法实施。理

---

1 discursive practice,直译为"话语实践"。但据我所知,"话语实践"是福柯在阐述他的断裂性的、非连续性的历史观时所提出的理论,指的是那些决定陈述方式形成的规则或系统。按照我的理解,本书中介绍巴特的部分,没有特指这个层面的意思,为了避免产生歧义,我选择了比较通俗易懂、更贴近原文的译法。——译者注

论必须确保它自身的语言抵制同化和固化的过程。这种同化和固化的过程恰恰是理论在包括大学、专业化了的文学世界以及现代媒体在内的文化环境及其机构中所试图揭露的。

作为理论家，巴特是一位严肃的作家，但同时他的作品也赢得了大众的喜爱。作品《神话学》、《恋人絮语》、《明室》等拥有的读者群超越了教学大纲与学术讨论的范围。尽管如此，我们不应将巴特与那些为满足广大电视观众或商业报纸、杂志读者的"趣味"而将学术研究"通俗化"的当代学者们混为一谈。巴特并不是迎合大众心理的人。他是致力于摧毁既有观念的理论家，无论这些观念是存在于某个特定的学术领域还是大众文化本身。巴特作为理论家的课题，是动摇任何一种看上去理所当然、符合常理、无可反驳的观点。这种对于批判和质疑的坚持，是，或者至少应当成为我们称为"理论"的典型特征。巴特的所有著作都体现了这一特征，但是从技术上来说，他的写作风格常常使得作品的形式并不那么精巧。巴特关注到了文化与知识生活的方方面面，他的作品所达到的即时性和相关性是其他理论家很难企及的。

关于本书

研究罗兰·巴特的作品可以从多方面入手。要了解其文学批评观点的读者通常从他的《作者之死》、《叙事作品的结构分析导论》等文章读起。关于摄影学，一般先读他的文章《图像修辞学》或者他的最后一本书《明室》。从事文化分析和文化研究的学生可以从读《神话学》一书或者《第三层意义》这篇文章开始。要了解巴特的文学史观点，可以读《写作的零度》一书或者他的《现实效果》一文。尽管学术界一直十分重视对巴特的研究，但他作品中涉及的某些领域还未引起足够的反响。巴特在戏剧及表演方面的著作并没有得到应有的重视。作为同性恋者，他复杂而深刻的理论写作方法仍然为现代读者和"酷儿理论"（queer theory）的研究者们提供着巨大的挑战和丰富的资源。不同的读者心目中有不同版本的"巴特"，特别是由于读者们研究巴特时，他们的出发点、兴趣点和关注点都各有不同。

　　本书试图为不同类型的读者归纳出巴特的一系列重要思想，每个章节都围绕这些重要思想展开。让读者了解到巴特作为一个作家、教师、知识分子所经历的种种不同阶段也很重要。因此本书的章节在一定程度上是按时间顺序编排的。第1、2章是巴特的早期思想，第3、4章主要讨论他的符号学和结构主义著作，第5、6章进入到他的后结构主义阶段，最后的第7到第9章介绍了他后期著作中引发的一系列议题。按照一定的年代顺序介绍巴特的重要思想的好处是，读者可以发现这些思想之间的重要联系，而不是孤立地去看待各个单个的思想。例如，第1章分析了"介入"的观点，在本书的剩余章节中这个观点将时常出现。其他重要思想，特别是巴特一生的分析重点所在，即文化是怎样同化激进、先锋的概念和表现方式的，也将被反复提及。尽管其他思想，如互文性以及巴特对享乐主义哲学的涉及，发生在他写作生涯的特定时期，但是从头至尾一一地梳理、解读巴特，有助于我们从他的全部著作着眼，在更为宏观、持续的主题背景下理解这些思想产生的语境。

　　本书读者可根据研究兴趣及目的，打乱年代顺序阅读。既可从第3、4章符号学和结构主义开始读起，也可从第8、9章关于巴特的摄影和音乐理论入手。书中对巴特作为作家和知识分子学术生涯的介绍梳理，将有助于读者更好地理解具体的思想和议题产生的背景。除了介绍巴特主要思想的章节，本书还加入了另外一章"巴特之后"，讨论了其思想的现实重要性和相关性以及研究巴特持续影响力的意义所在。本书的"进阶阅读书目"部分简要介绍了巴特的每部作品，有助于读者在前九章的基础之上，巩固及加深对巴特作品整体脉络和轨迹的认识。这一部分可以以多种方式使用。巴特著述颇丰，有时难免令人望而生畏。该部分提供了巴特主要作品的简明路线图，可供读者在阅读本书主要章节时随时查阅。此部分还包括了其他巴特研究的著作的注解列表，旨在方便读者做进一步的研究。尽管这个列表并没有囊括所有巴特研究著作，但足以证明目前对研究巴特作为作家和思想家所留下的丰富遗产的活跃景象和他的作品所激发讨论的多样性。

关键思想

写作与文学

本章讨论巴特的首部重要作品《写作的零度》(1953)，也将分析马克思主义哲学与存在主义哲学及文学思潮对这部作品产生的双重影响。让-保罗·萨特(1905—1980)的作品深刻体现了马克思主义哲学和存在主义哲学及文学思潮的影响。巴特的这部作品则继续体现了这种影响。要了解巴特的早期著作，从而为理解他最重要的思想打下基础，首先要了解萨特的文学理论和文学史观点，然后再分析巴特如何发展、修正了萨特的观点。

介入：萨特的影响

巴特从1950年代起在法国批评界崭露头角。当时法国社会文化界弥漫着一种从"二战"中遗留下来的紧张气氛。有一个问题时常见诸官方历史文献。有历史学家将这一问题表述为：战后法国的现代化进程是否是法国社会洗清纳粹占领时期的污点的一种尝试？（Ross 1995）即，法国是完全的受害者，还是从某种意义上说，（以维希政权的形式）参与了法西斯暴行？1950 年代，随着法国在非洲的殖民地阿尔及利亚争取独立（1962 年，经过 8 年战争，阿尔及利亚取得完全独立），殖民主义历史再度扰乱了法国社会的神经，使得上述矛盾情绪更为复杂，加速了法国的现代化进程。

　　除了以上提到的矛盾情绪，国际冲突愈演愈烈。正是从1950 年代起，美国和苏联的"冷战"持续发酵。1950 年代，曾经为法国社会和文化生活的解放作出贡献的激进知识分子、作家和思想家们，发觉自己陷入无所适从的境地。他们无法接受政府对美国式资本主义的认可，又对苏联式沉闷、僵化的马克思主义深感不安，这种马克思主义由 1956 年苏联对匈牙利的入侵所体现的政治和人道主义立场所表现出来。

　　让-保罗·萨特的著作生动且富有成效地表现出了这种紧张气氛、矛盾情绪，无人能出其右。从 1930 年代直至 1970 年代，作为哲学家、小说家、剧作家、文学批评家，萨特一直是法国思想界的标志性人物。他的理论贡献繁多，其中一项就是被称为存在主义哲学和文学运动的领路人。

　　萨特的《什么是文学？》（1947）试图以存在主义哲学为基础回答这一题目提出的问题。巴特在 1975 年的一次访谈中声称"是萨特引领我进入现代文学"（GV：327）。要理解巴特的早期作品，我们必须研究为巴特的学术生涯奠定基础的重要文本。《什么是文学?》设定文学史作者与读者的一种交流关系。作者要求读者唤起他自己的自由，去真实地阅读（而不是以社会预先设定好的方式），相应地，读者也要求作者将这种要求加诸于他（Sartre 2001：41）。萨特认为，作家写作，"因此自由的人在面对自由时能感到他们的自由"（Sartre 2001：47）。这种写作的范式是由"介入"的观点所决定的。作家（读者）的任务在于去理解他们自己所享有的自由，也呼唤起他人的自由。

但是，萨特深知，关于介入和自由的存在主义式表达，如果算不上乌托邦主义，至少也是理想主义的。社会为个人施加了极大的压力，迫使他们去作出"自欺行为"。《什么是文学?》有相当大的篇幅讨论了是什么限制了作者的"介入"和"自由"。萨特用两种相互联系的方法来解答这一关键问题：一是讨论了文学发展的历史（从作家和读者变化中的关系的角度）；二是评述了战后法国作家的地位。萨特展示了法国文学的全貌，但他的重点在于过去二百年中法国文学的变化。萨特认为，文学在这二百年中的发展历程，也正是资产阶级作为一个社会阶级从兴起到取得统治地位的过程。

11   **存在主义**

　　存在主义是一种复杂的、由来已久的哲学传统。它包括很多不同的形式和流派。尽管研究存在主义的学者们对其定义各有不同,但大体上来说,存在主义可以定义为研究人的存在的哲学。与构成了伦理学、逻辑学或普遍真理研究基础的主要哲学传统不同,存在主义关注的是人的存在以及个人在他们的生活中所能发现的可能性(见 Langiulli 1997: 1-30)。在战后法国,在哲学、文学、艺术领域的存在主义主要受萨特的论著的影响,这一影响从 1940 年代一直持续到 1970 年代。萨特式的存在主义提出的哲学主张是"存在先于本质",认为人有自由去成为他们想成为的人:理性的、从虚妄的思想和生活方式中解放出来的人。那些认为人决定不了自己的思想,也无法选择怎样生活的"本质先于存在"的想法是"自欺"的(Sartre 1956)。战后存在主义思潮的兴起源于一种持续的恐惧感,一种"无路可走"的体验(Solomon 1988:178-9)。在经历了大屠杀之后,我们如何还能主张人有创造自己的自由? 在希特勒和其他纳粹政权的残暴行径发生后,我们如何去主张人有责任唤醒、激活属于他们的自由? 存在主义不断用"否定"这个概念来回答上述问题。即使在最糟的情况下,人也有自由去否定他周围的世界,认清它的虚妄、邪恶和荒诞。在萨特、阿尔伯特·加缪(1913—1960)、西蒙娜·德·波伏瓦(1908—1986)等人的存在主义文学中,个人被表现为面对着一个看上去无尽的坚固的自然或社会世界,最终却认识到(无论这种认识多么有限),他们自己思想的自由和所面对着的世界的荒诞。

资产阶级

　　最初是指在城市经营生意的人。在卡尔·马克思（1818—1883）和弗里德里希·恩格斯（1820—1895）的著作中，"资产阶级"是与"无产阶级"相对应的概念。无产阶级是指受资本主义剥削的劳动者阶级；资产阶级指持有资本、拥有生产工具（工厂、大型企业）、支付工资的人，这些人大部分是男性，鲜有女性。西蒙·布莱克本认为这样的定义排除了那些"从事管理及智力活动的最直接的中间阶级"（Blackburn 1994:47）。但是，事实上，至少在法国，资产阶级一词具有重要的意义，它包括资本家、专业人士、知识分子、教师、各种规模的商人等的总和，用来与工人阶级和极少数幸存的贵族阶层区别开。这个词语含义的拓展与法国现代资本主义（商业化、消费主义、商业至上）的兴起密不可分。有时，学者们试图保留这个术语本来的马克思主义式的定义，将资产阶级和被他们称为的小资产阶级区别开来。他们所说的小资产阶级，在英格兰被称为"底层中产阶级"。但是，当萨特和巴特等学者用到资产阶级这个词时，他们并不是仅指社会中某个特定阶层的人。他们同时指向的是资产阶级文化，即现代法国（基于资产阶级价值观的商业主义、消费主义）的主流文化。萨特和巴特认为，战后法国是资产阶级式的：被资产阶级以及这个阶级的价值观所主导。

　　萨特提出，在法国大革命（1789）之前写作的资产阶级作家可以通过为了以及面向他们自己阶级的成员写作而表达介入。由于资产阶级争取更多权力的愿望似乎是对追求更平等的社会的愿望的表达，因此大革命前的面向以及为了资产阶级的写作

可以被看作符合介入的概念。但是，在革命后接下来的一个半
世纪中，资产阶级作家逐渐开始面对一群不断在政治上和文化
上取得主导地位的读者。现代作家（萨特认为所有著名的现代
作家都是资产阶级式的）不想为他本身的阶级、直接的读者写
作。为了以及面向他自己的阶级写作，就意味着为在革命中实
现权力反转，获得了权力及社会文化压迫手段的资产阶级写作。
在此意义上说，现代作家是异化的。现代作家期望表达对人类
及社会自由的介入——这必然意味着他们追求的是一个平等
的、无阶级的社会，但他们的读者（资产阶级的受过教育的大
众）正是现代作家不想为他们写作的群体。在此基础上，萨特
提出了一种现代文学史，这种文学史认为文学逐渐使用非交流
的策略来抨击它的读者。萨特的观点实际上是对文学先锋派观
念的彻底批判。

　　对于萨特来说，在现代法国文化史上兴起的先锋派文学形
式表达了一种异化（对作家自身文化和他的读者的憎恨或厌
恶），而不是真正的文学介入。仔细分析萨特对当代社会的分
析就会发现，形势看起来不容乐观。那些愿意致力于"介入"的
作家不能采用资产阶级文化的艺术形式（完全商业化的文化的流
行形式），也不能采用与大众无法交流的先锋派文学技巧。萨特
认为，先锋派文学无法"介入"，因为它并不谋求与大众的直接交
流。冷战的政治氛围使现代作家严重缺乏选择的局面更加恶化。
萨特既不能接受西方式的马克思主义，又对苏联式的共产主义及
它在法国的代表（法国共产党）心存不满。尽管受马克思主义的
影响，萨特在《什么是文学?》中认为，法国共产党对不服从于其僵
化的意识形态教条的所有知识分子和作家都心怀芥蒂。看起来，
现代作家并没有可行的写作形式，也没有可靠的政治忠诚："我们

已经跌到历史之外,在沙漠中说话。"萨特写道(2001:205)。

先锋派

> 源于军事术语,意为"前锋",在主要进攻打响前冲锋在前的先头部队(士兵)(见 Cuddon 1991:74)。从 19 世纪起,在文学及整个艺术领域,是指在形式上创新、在表现模式上具有激进的挑战性的形式:如象征主义、超现实主义、达达主义以及"二战"后出现的新小说("新小说",见第 2 章,28-31 页)[1]等运动。一般认为,先锋派艺术形式都具有激进的政治目标。但是,也可以认为,艺术作品在形式上前卫并不一定意味着它在政治意图及影响上具有激进性。

除了对历史上及当代的作家的状况和地位的诊断,《什么是文学?》的结尾重申了萨特式的存在主义立场。萨特指出,尽管形势极其令人沮丧,但我们仍可以为一个更好的世界而付出努力;作家们仍然可以挑战自我及其读者去实现自由。"人",萨特大胆地写道,"必须每天被创造出来"(2001:226)。

我们需要讨论萨特在《什么是文学?》中提出的观点是因为它们能够帮助我们了解巴特早期的最重要作品《写作的零度》的写作背景。尽管巴特的书中与萨特的著作所涉及的主题有所重叠,但是本书从根本上反对萨特的"介入"的观点。除去萨特的乐观主义,很关键的一点是他的文中并没有真正讲到什么才是真正的介入的文学。萨特的分析并不关注形式的问题,而巴特正是在这一点上——作家创作的形式——修正和批判了萨特的论点。

1　此为原书页码,读者可参照本书的页边码查找,后同。——编者注

写作，文学，风格

巴特的《写作的零度》包括相互关联的两部分：一是理论部分，二是历史部分。第二部分提供了与萨特相对的另一种类型的法国文学史分析。对法国文学史的历史性分析是建立在语言、风格以及巴特所称的书写（écriture，写作）这三者关系的理论分析基础之上的。

15　　　巴特将理论注意力重新聚焦于语言、文学、风格的目的在于重新界定"介入"思想产生的语境。如果按萨特所说，介入是指作家所作出的选择，那么按照巴特的思想框架，我们必须去弄清作者运用他的自由去选择的边界所在。更重要的是，这些疆域存在于由既定形式、惯例、类型以及编码构成的文学语言之中。没有任何作家可以自行发明他自己的文学语言。所有作家文学创作的过程就是和既定文学语言结构搏斗的过程。

巴特首先将语言和风格同写作区分开来。语言和风格是无法选择的。在特定国家的某一特定时期里，比如1850年代或1950年代，法国的语言结构是任何作家都无法改变的。对于作家（他们）来说，语言结构更像是一种"先天环境"，一种"制约性媒介"（WDZ:11-12）。由此看来，语言结构是呈现在作者面前的媒介，是他必须学会在其中畅游的海洋。风格则是另外一种东西。巴特认为风格是由作者的身体不自主地产生的。也就是说，它来源于作者的个人历史和他的个性。与语言结构一样，风格不是作者选择的产物（WDZ:14）。这样，巴特提出了相对于语言和风格的第三个概念，写作。

写作这个概念在巴特的整个学术生涯尤其是1960年代结

构主义特别是后结构主义在法国知识界兴起时扮演了重要的角色。在 1971 年接受《如是》杂志访问时,巴特强调了在他自己的和其他理论家的作品中"写作"的重要性。同时他也指出在1950 年代早期和 1970 年代早期,这个词被赋予了不同的意思(Res:263-4)。本书在之后还会不断提到这个概念。

在《写作的零度》中,写作被用来代表作者的选择乃至介入活动的那一方面。写作在这里可以被称为形式,包括作者与某个群体共同具有的一系列编码和惯例。这本书的开头一段为读者提供了关于这种意义上的写作的生动例子:

> 埃贝尔在开始编写每一期《迪谢纳神父》(*Le Père Duchêne*)的时候总要用一些"见鬼!"和"妈的!"这类字眼。这类粗俗字眼并没有实际意思,但却有着重要意义。为什么呢?这是当时整个革命情势的需要。因此我们看到了这样一种写作的例证,其作用不再只是去传达或表达,而是将一种语言外之物强加于读者,这种语言外之物既是历史又是人们在历史中所起的作用。
>
> (WDZ:3)

16

萨特将介入问题严格置于交流模式之中。对于萨特来说,介入式的写作必须传达一种信息、一种世界的景象和对人的存在及其可能的意义的理解。萨特认为,如果不讨论文学向读者传达的信息,那么对介入式的文学的研究就无从谈起。的确,对萨特来说,许多现代文学作品缺乏介入精神的决定性标志正是拒绝按照以上所说的方式与读者沟通。巴特不赞成萨特的立场,他认为极端形式的写作都是"反交流"(WDZ:19)。

巴特的写作概念是存在于或者超越于信息或内容所表达之外的。雅克·埃贝尔(1757—1794)充满激烈和轻蔑的咒骂词的写作是用形式表达了对革命的介入,而不是通过形式来表达观点。这种写作中的意义与那些被表达的观点无关,而与观点是如何被表达的密切相关。应当注意,埃贝尔独具特色的粗俗语,并不属于巴特所说的风格问题。如果说它们构成了埃贝尔风格的一部分,也只是反映了他作为个体作家的独特之处。在这个意义上,我们可以说埃贝尔是个以过量粗话为风格的作家。实际上,埃贝尔的咒骂词指向了他本身之外,它们将他与一种当时对社会、历史以及语言结构不满的态度联系起来。

在萨特的存在主义文学研究和马克思主义强调写作在历史上的意识形态功能的基础之上,巴特的写作概念开辟了更多可能性(Res:252)。即,一旦我们开始将写作理解为作者在意识形态上的介入,那么就势必开始去研究历史上作家是怎样通过选择不同形式的表达方式去回应社会和政治现实的。这种文学史模式被巴特称为"文学的符号"的研究。这种模式认为文学形式表达了社会及意识形态的意义及选择。例如,假设现在有一个小说家选择写一部现实主义小说,另一个小说家选择写一部试验性小说——全书以第一人称单数叙述,没有任何标点或段落标记。那么这两个作家在写作形式上作出了极其重要的选择,他们的选择将极大地影响到他们作品的意义。两个作家极有可能都力图传达一种革命的信息;他们有可能试图揭示推翻统治性社会秩序的必要性;两者都有可能认为这样的变革只有通过妇女解放才能实现;这两个小说家也可能是有着相同社会和政治理念的女权主义者。他们在写作形式上的选择,将极大影响到作品所产生的意义。我们以不同的方式来阅读不同形式的小说。不同的形式揭示了不同的立场与观点,也必然影响到读者的接受方式和作品产生的意义。

以上的假设性例子,提出了一个重要的问题,即选择和介入。毫无疑问,作家能够选择各种不同的写作形式,但这些不同的形式不是由他们自己发明的。写作要具备社会意义,进而介入社会及政治生活,就必须在被作家运用之前就已经存在着了。除非人们将那种特定情况下(政治性刊物上的社论的开头)的语言与革命性联系起来,否则埃贝尔的咒骂语就不会传达出它们想传达的意思。

将写作和介入联系起来后,巴特随即指出写作有其界限,它并不提供无限自由的可能性:"作家并未被赋予在一种非时间性的文学形式储备中去进行选择的自由。一位作家的各种可能的写作是在"历史"和"传统"的压力下被确立的,因此存在着一种写作史(WDZ:16)。这是巴特在《写作的零度》一书中至关重要的观点,也是本书与他后来的结构主义及后结构主义著作的衔接点之一。

巴特将作家运用的写作方式描述为在"自由与记忆"之间摇摆(WDZ:17)。之前已经提到过,正是在选择写作形式中作家获得了自由,但是所有形式的写作中都包含着一种"后像"(after-image),过去用法的痕迹。再以埃贝尔为例,巴特说埃贝尔的咒骂语传达了对革命政治行动的介入。但是,如果这种方式被继续发展下去,那么它的意义也就随之改变,成了**某一类作家的一种写法**,或者成为普遍认可的编码或惯例的写作中可预料的一方面。也就是说,写作在力求赋予作家选择和介入的能力时,也不断面临自身变成陈词滥调、将作家类型化的危险。巴特将此过程称为"逐渐凝固"(WDZ:6)和"戏剧性的聚结"

18

（WDZ:5）现象。巴特认为,写作不断被凝结成了**文学**（此处沿用巴特的做法,将"文学"大写[1]）,变成巴特曾称为的"漂亮文学"（Belles-Lettres）这一传统名称（WDZ:33）。要理解文学为什么在《写作的零度》中得到如此负面的评价,我们必须讨论与以上论点平行的另一个方面,即巴特对现代文学史的讨论。

零度写作

　　如前所述,巴特的文学史论述是从萨特《什么是文学?》的观点出发的。与萨特相同,巴特的文学史回顾了资产阶级作家与资产阶级社会及文化关系从产生,到占统治地位,然后崩溃的过程。和萨特一样,巴特的文学史以对关键历史节点前后的变化为模式。巴特将萨特的1789年历史关键时刻向前推进到了1848年。这一年,新一轮的革命在法国及全欧洲展开。但是,与萨特类似,巴特将这一转折时刻之前的时期,描述为资产阶级作家与他的资产阶级社会和文化仍然互相认同的阶段。1848年之后,随着资产阶级文化及社会统治的日益巩固,作家们逐渐感到被周围环境异化,不再对社会其他阶层能够认同他们的语言及意识抱有绝对的信心。

19　　　至此,巴特似乎在重复萨特的历史学主旨。但是,巴特的方法强调,文学在这种异化和追求自由的过程中并不是无可指摘的。文学和现代社会的其他所有东西一样,隶属于资产阶级。文学是一种机制,是一个权力场所,将所有文化实践吸纳其中,并根据自己的目的改造文化实践。

　　巴特的观点与1920年代兴起的德国马克思主义学者和知

1　即 Literature,中译本已将"文学"二字改为楷体,以示强调。——译者注

识分子(整体上被称作法兰克福学派)的论点相似。其中的代表思想家之一,西奥多·阿多诺(1903—1969)阐发了现代"文化工业"的概念。他认为当代资本主义社会将各种不同艺术形式纳入到了它自身消费主义和商品化的过程。观察一下当今社会,不难发现这种对现代文化的诊断并不过时。最新潮的音乐形式或者新的政治活动用令人吃惊的速度,以广告推广、媒体讨论或者商业性影视的形式被展现给大众。同样,在巴特的《写作的零度》中,现代文学就像某种大功率的吸尘器一样将各种不同形式的写作吸纳进了自身。

巴特阐释了并且扩展了以上所说的对文学的观点。他列举了从1850年代以来,作家们是如何运用一系列策略去抵制文学以及资产阶级文学的吸纳。他首先以居斯塔夫·福楼拜(1821—1880)为例,他的创作时期正好处于1840年代到1850年代的关键历史时期。巴特提出:福楼拜式的写作是一种"辛勤工作","艰辛劳作"型的写作模式。也就是说,像福楼拜这样的作家,将自己视作工匠来试图消除资产阶级文学给他们带来的异化感。但是很显然,这样的策略很容易被主流文化吸收,成为资产阶级文化价值观的一部分,因为主流资产阶级文化本来就看重辛勤工作和坚忍不拔的精神。

巴特对现代作家处境的悲观论断从这里开始显示了出来,与萨特相信的每个人都有权利去争取自由的乐观主义精神联系不大,反而与加缪所描述的现代世界的荒谬感更不谋而合。例如,在《西西弗的神话》中,加缪将现代人比作传说中的西西弗王。西西弗被打入地狱,对他的惩罚是日夜不停地将巨石推到陡峭的山顶上,巨石落到山脚时再将它推到山顶。同样的,福楼拜工匠式的写作策略,意在改善资产阶级文学对现代作家的异

20

化,却加深了他们与资产阶级文学的伦理价值的联系。对巴特来说,现代作家是西西弗式的人物,不断试图创造自由的写作,而他们的写作却不断地陷入文学结构的控制之中。巴特的论调是悲观的,但他对于写作与社会的关系的认识却比萨特的马克思主义立场更为彻底。如果人类社会处于异化的历史阶段,那么写作必然也参与到异化的过程之中。

比福楼拜辛勤工作式的写作策略更加重要和意义深刻的例子是 19 世纪现实主义小说的兴起。现实主义和自然主义(这术语已不太常用)旨在运用一种准确和朴实无华的形式来解决文学写作被异化的问题。如今大学课程里依然沿用的小说的现实主义的定义如下:"现实主义,一种人们注意不到其技巧和建构性的写作形式。"如以上定义所说的一样,巴特的论点在于,从 19 世纪到如今一直占主导地位的现实主义小说,可以被定义为一种异化了的写作形式,隐藏其文学性的同时又将这种模式确立为"好的写作"、"文学写作"的标准。巴特指出,现实主义小说是在资产阶级学校中备受推崇的那种小说,也是苏联社会主义包括其国际分支机构法国共产党所认可的小说(WDZ:58-61)。现实主义小说,远远没有产生一种非异化的写作,相反却变成了资产阶级和反资产阶级文化中"文学的符号"。它的套语——第三人称"他"和"他们"的使用,第一人称人物("我")的叙述语气,特定的标志性时态和形容词,对于"物"的极其详尽的描写——同时构成了巴特在之后的现实主义批评所说的"现实效果"(见《现实效果》,RL:141-8)。因此,一种原本意

21 在超越准确再现社会生活的文学常规的写作模式,最终却建立起了顽固的编码和陈规,形成了真实的幻觉。

巴特继续指出,19 世纪下半叶,拯救文学的策略变得更加

坚决。如果文学无法被拯救，那么它必须被杀死、暗杀，被彻底否定、打乱。对于现代作家来说，写作变成了谋杀文学的努力。巴特在此指出了存在于以斯特凡·马拉美（1842—1898）及其追随者们的诗歌为例的现代主义写作模式的一种倾向，即在写作中去除文学的一切表征。这种写作力图在语言中去掉一切套语，把它们从所有可辨认的叙述和诗学编码中解放出来。但是，巴特认为，这种革命性的做法只能导致"沉默"、"对沟通的绝弃"（RL：63）。这种倾向与另一种策略有关，即巴特的书的题目所指出的——零度写作。零度写作指的是作者努力去从事一种"白色写作"，从语言结构的桎梏中解放出来。巴特继续说道"目的是通过把自己委托给一种脱离于现存语言和文学语言本身的基本的语言，来超越（现存的）语言结构"（RL：64）。这种写作，几乎达到了"风格的缺席"，巴特认为加缪最初发表于1942年的小说《局外人》是这类写作的典范。借用语言学研究的说法，巴特将这种写作描述为"中性的"、"惰性的"或者"零度的"写作。他认为这种类型的写作"负起完全的责任，不被一种不属于它的历史（History）的从属的介入形式所遮蔽"（RL：64）。也就是说，这种零度写作避免了对"文学"的玷污。加缪小说的开头很有名：

> 今天，妈妈死了。也许是昨天，我不知道。我收到养老院的一封电报，说："母死。明日葬。专此通知。"这说明不了什么。可能是昨天死的。
>
> （Camus 2000：9）

在最初发表于1955年的一篇"后记"中，加缪认为他笔下的人物莫尔索是因为拒绝说谎才成了社会的局外人。加缪定义了什么是说谎："说谎不仅是指说了不真实的东西,同时,它更是指说了比真实更多,就人类情感来说,是指多说了人所能感觉到的东西"(Camus 2000:118)。加缪的定义很好地诠释了巴特在加缪的写作中所发现的,即"说谎"可以用"文学"这个词来代替。如果说"文学"为写作增加了多余的意义,套语式的联想,传统惯例的编码,以及主流意识形态,那么加缪的中性的"白色"写作则似乎避免了上述所说的种种陷阱和多余的意义。加缪的零度写作拒绝说谎,看起来很"诚实"(WDZ:65)。

然而,当巴特完成对加缪作品中零度写作的描述时,巴特已经阐述了他在理论和历史方面的观点,即这样的写作不会长久。如果说当社会和历史被束缚时写作不可能获得自由,那么这种写作模式也必然会被"文学"和主流文化所吸收、同化。巴特写道:

> 没有什么比白色写作更易变的了;正是在自由存在的地方产生了一些自动机制,一套既定的形式逐渐包围并限制着话语的纯洁性、清新性……达至经典水准的作家成为他自己原初创作的模仿者,社会将其写作降格成微不足道的东西,将他重新变成他本身形式神话的囚徒。
>
> (WDZ:65)

如今在法国以外的学校里,《局外人》被当作明白易懂的,言外之意,也就是"好"的法国文学经典作品介绍给学生。资产阶级文化已经像同化 19 世纪的现实主义小说一样,同化和渗入到了加缪的写作中。

巴特的根本观点,出此看来,是悲观的。如果说社会被异化了,那么文学写作也必然被异化。现代作家是悲剧性的人物:"无论他如何努力去创造一种自由的语言,人们总会把被制作的语言再提供给他……因此,写作变成了一条死胡同,因为社会本身也是一条死胡同"(WDZ:72)。这样的观点与其说是悲观的,不如更准确地说,是辩证的。

辩证法

苏格拉底(公元前470—公元前399)认为辩证法是通过谈话者的对话来获取知识的一种方式。现代哲学辩证法的概念主要是由黑格尔(1770—1831)发展的,阐释了在思想史及在现实世界中,正题和反题的冲突产生进步的方式。这种冲突产生了一种新的东西(第三种名词):综合。这种综合必须变成一个新的正题,与另外一个反题相对立。马克思和恩格斯,以及之后的马克思理论将黑格尔式的辩证法加以修正,提出要以历史唯物主义的观点看待辩证法,即正题和反题之形成现代历史(资本主义与无产阶级)的冲突性力量,综合最终会以革命秩序的形式从这种冲突中产生。在受到马克思主义影响的20世纪的哲学思想及理论流派中,辩证法思想受到越来越多的质疑,因为以马克思主义思想为指导的世界革命的前景变得更加渺茫。

　　巴特对写作的论述是辩证的,因为它将自由放在与传统和惯例相对立的位置来考察。现代社会,作家无法仅凭选择就可以获得自由,就可以根除他们语言中的沉闷传统的痕迹。但是,只要作为作家不断追求有意义的写作,那么他们对自由语言的追求就不会停止。巴特说道:

　　文学的写作既具有历史的异化又具有历史的梦想；作为一种必然性，文学写作证明了语言的分裂，后者又是与阶级的分裂联系在一起的；作为一种自由，它就是这种分裂的良知和超越这种分裂的努力。

（WDZ：73）

巴特对于现代写作的辩证考察对其学术生涯的开端发挥着至关重要的作用。可以说，矛盾性地奠定了他批评家的地位。下一章将会继续讲到，要想更好地分析《写作的零度》在巴特学术思想中的地位，就要重点分析此书所表达的观点对现代作家，以及对巴特本人作为批评家所产生的影响。

24　**小　结**

　　本章我们介绍了巴特将理论重点重新放到了"形式"，尤其是在《写作的零度》中所定义的"写作"上面，以此回应了萨特的文学介入的观点。与萨特不同，巴特将文学形式本身视为意识形态的载体，可以表达对社会生活的干预。但是，巴特强烈地认识到，新的、激进的、创新性的文学形式很快被资产阶级文化所吸收。因此，《写作的零度》确立了巴特在后来的著作中反复出现的立场：当代有介入意识的作家，一方面努力寻求一种真实的写作，另一方面又认识到：所有的形式，所有的写作模式，最终都将被文学所吸收并成为其中的一部分。

批评的距离

　　本章将继续讨论巴特的早期作品，了解他是如何拓展在《写作的零度》中提出的观点的。在一系列完成并发表于 1950 年代后期及 1960 年代早期的论文中，巴特将他在第一本书中的观点运用到了当代小说和戏剧领域。要考察《写作的零度》的观点的延续，就有必要讨论巴特在第二本书中对法国历史学家米什莱的研究。事实上，从《米什莱》开始，可以看出在巴特的早期作品中总体上一贯强调保持批评的和历史的距离的必要性。

《米什莱》

　　巴特的《写作的零度》的主旨是，批评家的任务并不在于发起某种特定的写作模式或文学运动。对那些最激进的写作模式的支持看起来更像是脱离共产主义党派政治影响的明确的马克思主义批评家的行为。但是这样的批评行动与巴特的立场是相悖的,因为正像他在他的第一本书里所说,每一种暂时介入的、自由的写作模式最终将滑向套语和"文学"之中。在《写作的零度》的观点的基础上,批评家的介入并不是去介入某一种写作模式、文学或者思想运动,而是不断与各种现存的写作模式和运动相适应并自由浮动地参与活动。在《写作的零度》中,由于"自由"被表述为真实性写作的短暂时刻、意义和形式还未被规范性文化吸收的瞬间,那么批评家的自由和责任在于研究包括古典的或现代的,先锋的或主流的在内的各种文学写作的能力。在上一章提到过的 1971 年巴特接受《如是》杂志的访谈中,巴特提到他自己作为批评家的立场带有很强的个人色彩(对某一些形式的偏好),但是他的主要观点是强调他在文化和历史潮流中的位置:"我自己的历史位置,是做先锋队的后卫:要想做先锋派,必须知道什么已经死了;要做后卫,必须仍然热爱它……我想,这就是我写作的立场"(Res:263)。

在《写作的零度》发表后接下来的十年中(下一章将讨论最初发表于 1957 年的《神话学》),巴特作为批评家在他的作品中不断拓展,即使不是平均用力,也非常明显地将研究范围延伸到古典、资产阶级和先锋派等议题上。例如,巴特的《米什莱》一书,是他从在疗养院住院期间就开始长期研究的成果,这本书讨论了一位历史学家,他看上去恰好持有与《写作的零度》中所支持的相反的写作动机。正如巴特所说:"在政治上,米什莱没有什么新颖的观点,他只是有着 1840 年前后小资产阶级的一般观点"(M:203)。

在《写作的零度》之后,将 19 世纪一个具有小资产阶级特性的历史学家作为研究对象,这个决定看起来有些奇怪。但是,巴特解释道,读米什莱(1798—1874),不应当去读关于历史他告诉了我们什么,关于历史他讲得很少。应当将米什莱作为一个作家来读。尽管历史在不停变化,米什莱的观点在他的多产的漫长一生中也在不断变化,但米什莱的写作(在形式和风格方面)是保持一致的。实际上,巴特旨在揭示米什莱是怎样将历史(历史事实,历史话语的常规数据)吸收进他写作的不断进行的"主题"之中。巴特指出:"这些主题维持着一个完整的价值体系;没有主题是折中的,世界的本质被划分成了善的和恶的状态"(M:203)。在巴特研究的主体部分,这些主题被认为是极不寻常的。米什莱通过一种身体性的语言,将历史时期、历史运动及事件分为热量、生硬、生殖力、空虚等感官类别。因此,像巴特所阐述的那样,对米什莱来说,耶稣会教士是生硬的,属于恶性主题,而德国是有热度的,属于良性主题。通过对这些类别的理论阐释,整个符号逻辑被揭示了出来。例如,生硬的耶稣会教士,被与米什莱所不屑的工业化和其他形式的现代化联系起来。德国则与正面的名词比如"人民"和女性经期联系起来。后者对于作为男性和作家的米什莱来说,是格外正面的现象。

在后来的一篇最早发表于 1972 年《拱门》杂志上的关于米什莱的论文中,巴特重拾之前研究的观点,声称用现代观点来评判作为历史学家的米什莱是没有价值的(RL:199-200)。相反,我们需要认可并强调他的写作与我们当代对于历史和写作本身的观点的距离。巴特的《米什莱》可以被理解成对历史话语研究的早期的原创贡献之一,因为它还原了法国最重要但日渐被遗忘的历史学家之一的陌生感、距离感。

但巴特的观点不仅仅在于尊重像米什莱这样的作家的距离感。他认为,通过认可这样一个作家的距离感,我们就可以开始评判米什莱对于现代历史理论和实践的现实意义。事实上,米什莱具有很强的现实意义,因为通过对他的研究,我们开始注意到对于历史写作的客观性的质疑。对于历史具有客观性的批评是结构主义、后结构主义以及其他新近理论运动,如新历史主义的主要特点。巴特将米什莱视为作家而不是历史学家的处理方式,是现代理论潮流的早期贡献之一。通过对米什莱这位 19 世纪的历史学家的研究,为历史的"文学特性"的当代观点提供了典范。透过表达米什莱作品中的陌生感(距离感),巴特最终得以在其作品中强调了一种当代特征,这一特征是在之前提到的巴特的"语言,风格和写作"的基础上发展起来的。

在《米什莱》中所发现的距离化过程同样存在于巴特的极富争议的研究法国古典剧作家让·拉辛(1639—1699)的专著中。拉辛式的悲剧是法国正统及学院派文学传统的经典戏剧写作方式。正如莎士比亚在英国文学史上所起的作用一样,拉辛式的悲剧是法国文学传统的一部分。巴特的《论拉辛》,由三篇论文组成,融合了马克思主义、心理分析及其他当代理论方法,最终力图用和距离化米什莱式的历史相似的方式来距离化拉辛戏剧。巴特攻击对拉辛的资产阶级式解读,尤其是认为拉辛的作品中存在着普遍性的成分的论点。这种对于拉辛的普适性及重要性的评判是一种神话,资产阶级文化试图借此声称法国最伟大的剧作家反映了他们的价值和要求。巴特写道:

> 拉辛的神话,从根本上来说是一种保全行为:它试图驯服拉辛,去掉他身上的悲剧性因素,使他认同我们自己,将我们与他都置于经典艺术的高贵殿堂中……它力求给予资产阶级戏剧的主题以永久地位。
>
> (OR:149)

但是,拉辛戏剧与我们的当代世界并无直接关联。如果忽视它的陌生感和距离感,它就转化为资产阶级戏剧的价值观(心理学;现实主义;个人既存在于社会现实中,又与社会现实斗争)。巴特认为,只有努力抓住并表现这种陌生感和距离感,我们才能重新向拉辛学习,而不是用他的戏剧作为神话为现代价值观辩护:"如果我们想留住拉辛,我们必须跟他保持一定距离"(OR:149)。

先锋派:"新小说"与布莱希特戏剧

巴特在这一时期(1953—1963)的著作中对距离和陌生感的强调有助于我们将他在资产阶级和古典文学的研究与他对更加激进和先锋的文学潮流的关注联系起来,特别是他对在政治上极为激进的贝尔托·布莱希特(1898—1956)戏剧和"新小说",尤其是阿兰·罗伯-格里耶(1922—2008)小说的研究方面。1954年5月巴特在巴黎国际艺术节上观看了由柏林剧团演出的《大胆妈妈》（见 Calvet 1994：111）。他对此剧评价极高，认为布莱希特的戏剧方法是正宗的马克思主义戏剧，成功避免了资产阶级戏剧的缺陷。布莱希特戏剧的本质在于对"心理学"的抵制。换句话说，它拒绝使观众轻易地与剧中人物产生认同。布莱希特著名的"间离效果"（Distancing Effect，有时也被称作"疏离效果"［Alienation Effect］）产生了这样的一种表演风格：观众时刻被提醒他们在观看一场戏剧，这场戏剧是现实的再现而不是现实本身。因此，布莱希特戏剧中观众与演员之间的间离效果与巴特关于米什莱和拉辛的著作中所阐发的读者与文本之间的距离感是相似的。布莱希特式的"间离"，或者"疏离"的目的，与巴特的观点类似，也是试图激发观众主动的参与和评论（CE：34-5）。

　　在布莱希特的戏剧中，观众看到了"大胆妈妈"在"三十年战争"期间的遭遇。仅仅同情她失去孩子、在动乱中艰难维持生计是不够的，更重要的是观众得到了启发，认识到"大胆妈妈"本身的盲目性；她的盲目在于对战争的忍受和参与（CE：34）。仅仅认同和同情"大胆妈妈"意味着参与她的盲目性：大胆妈妈认为战争是不可避免的，是自然而然的。她认识不到这一事实——战争，包括她自己，都可以有所不同。通过使观众和剧中人物保持距离，布莱希特促使观众在认同和同情之外，去批判性地评论进而认识到自己在制造历史过程中的创造性作用。

　　因此，与资产阶级式的戏剧不同，布莱希特的戏剧是激进的，不容许我们将戏剧世界与现实世界混淆。它拉开了两者的距离。这样，布莱希特戏剧促使我们去质疑那些社会让我们相信的不可避免的、自然而然的东西。同样，巴特对"新小说"的倡导者罗伯-格里耶的赞赏,也是由于罗伯-格里耶的小说完全脱离了传统资产阶级小说的技巧和价值观。在 1964 年发表的《批评论文集》的一系列文章中,巴特探讨了罗伯-格里耶的作品对标准的故事的小说特征、叙述视角、隐喻以及被描述之物的象征意义的抵制。罗伯-格里耶以阻止读者将其小说中精心描写的物转化成广泛意义上的象征和隐喻的意义闻名。例如,在《嫉妒》(*Jealousy*,首次出版于 1957 年)中,叙述声音没有名字,只是一个中立的观察者,向我们展示了一个对仅有的几个人物的行动的描写并不比对小说的背景(一个热带香蕉种植园)的描写更重要,后者包括了对压碎的蜈蚣尸体的详尽描述。一部小说产生的效果只有在视觉角度上是可读的:罗伯-格里耶的小说拒绝被转化(被读)成资产阶级文学的既定模式;相反,它为我们展示了一种纯粹的否定性、物的世界的无意义。在罗伯-格里耶的小说中,人类从身边的物(自然的和人工的)寻找人生的意义的权利被解除了。如巴特所说:"罗伯-格里耶描写'物'是为了将人从'物'中驱逐出来"(CE:94)。

很明显,巴特对罗伯-格里耶的解读是他在《写作的零度》中观点的延伸。罗伯-格里耶对纯粹的、无意义的"物"的描写体现了试图创造一种摆脱资产阶级文学局限性的小说写作方式。然而,与《写作的零度》中的观点一致,巴特认为罗伯-格里耶只能暂时而最终无法写出纯粹的"物的文学"("纯粹的物"的文学)。巴特写道:"不存在零度的形式,否定性总会变成肯定性"(CE:92)。在他的论文《罗伯-格里耶派不存在》中,巴特提出,尽管在很多论文中他曾正面评价罗伯-格里耶和其他与"新小说派"有关的小说家,但是一旦将这种写作形式定义为先锋

30

的运动,它就已经被资产阶级文化所同化了:"批评界的老把戏",巴特写道,"通过命名先锋派所能吸收的,因此很方便地把安全的传统和新奇的裂变结合了起来,以强调它的观点的宽度,它的现代主义"(CE:95)。在1956年的一篇论文《谁的戏剧?谁的先锋派?》中,巴特暗示激进的戏剧也无法避免被同化:"一旦一种新的语言的刀刃被磨钝,资产阶级不会拒绝去容纳它,按照自己的需要去运用它"(CE:68)。

31   如果孤立地去看每篇论义,巴特的早期著作的基调看上去是悲观的。但是结合在《写作的零度》中他所首先提出的观点,我们已经看出,巴特以辩证的方法讨论了激进写作、资产阶级写作,以及古典写作。在一系列这一时期写成的论文中,巴特试图将激进文学阐释为提出问题但并不解答问题的写作(见CE:150-61和197-204)。巴特认为,当写作探究世界的时候它是激进的,而不是当它给予我们看似解释或捍卫世界的答案的时候。对巴特来说,当布莱希特的戏剧揭示了那些在资产阶级文化影响下的人们认为理所当然的问题时,艺术是激进的。这种质疑世界的做法使得激进式写作变成了一种批评的形式。巴特写道:"在一个依然异化的社会中,艺术必须是批判性的,它必须斩除一切幻觉,包括'自然'带给我们的幻觉"(CE:75)。这种对文学写作的陈述不可避免地影响了巴特对批评式写作本身的作用的观点。在下一章中我们将会发现,这种批评式写作继而必须彻底质疑文学、社会及文化方面的假象。

小 结

在本章中,通过联系巴特关于法国剧作家拉辛以及早期关于"新小说"和现代戏剧(资产阶级式的和布莱希特戏剧)的著作,我们分析了巴特的著作《米什莱》。我们已经看出,它们之间的联系在于都拓展了巴特在《写作的零度》中提出的观点。巴特认为,在一个资产阶级价值观占主导地位的社会中,介入式的写作应当将自己从资产阶级文化,尤其是从小说中的现实主义和戏剧中的心理学认同的套语中解放出来。但是,资产阶级对于先锋形式的同化相当顽固。巴特对这种僵局的回应在于他将注意力集中在如何在写作与现代社会及文化(它使我们相信普遍的、永恒的、理所当然的意义)间创造出一种距离。这种距离化可以通过采用当代多种不同的写作形式来实现。但同时,批评行为本身也可以通过对古典形式和资产阶级形式的批判,或通过对明显的激进、先锋的形式的批判来履行这种责任。

符号学

以下两章将分别讨论巴特在符号学和结构主义领域的主要作品。尽管直到 1980 年他去世,这两种理论思潮所推行的思想一直影响着巴特的著作,但是在某一个时期内,它们主导着巴特的写作。这个时期从 1950 年代末开始,巴特完成了他的《神话学》,一直延续到 1960 年代末。虽然"符号学"和"结构主义"这两个术语密切相关,但是我们可以根据巴特不同作品的侧重点将它们区分开来。本章将主要讨论侧重符号学的作品,下一章则讨论从根本上来说更加具有结构主义性质的作品。

解读资产阶级文化

《神话学》是巴特最有影响力、最被广泛阅读的作品之一。

本书包括了从 1954 年到 1956 年间巴特每月为《新文学》撰写的文章。1957 年,这些文章被结集出版。英译本有两个版本的选集(见"进阶阅读书目",p.142)。巴特的文章发表在"本月神话"专栏中,涉及一系列丰富的主题。从业余摔跤中隐藏的社会成规到广告语言,从旅行指南的描述语言到法国人对葡萄酒的喜爱,从爱因斯坦大脑的媒体形象、美国牧师葛培理的巴黎访问、环法自行车赛的仪式到雪铁龙 D.S.的最新款,巴特生动有趣地描写了 1950 年代法国的文化生活。

34

神话

在古希腊,神话(mūthos)意为虚构之事。现在通常指那些关于神和超自然力量的故事。"神话"也通指那些从古代流传下来的重要的虚构故事。因此,"神话"不仅有"虚构"的含义,也指那些看似具有永恒和普遍魅力及真理的故事。因而,巴特对"神话"一词的运用十分生动,因为他通过这一术语表达出神话是自然的甚至是永恒的,但实际上,它是特定历史时期认识世界的意识形态观点的表达方式。

在 1957 年的"序言"中,巴特明确指出了《神话学》与他早期作品的联系。如果说《写作的零度》和其他相关的文章力图阐明资产阶级文化将写作同化于巴特所说的文学结构中,那么他对现代法国文化多方面的解读则同样论证了这种同化过程的顽固性。巴特写道:

　　这些感想源于对看到报纸、艺术及常识领域将现实包装成"自然的"感到不耐烦。即使这是个我们身在其中的现实,却无疑由历史所决定。

（MY:11）

正如资产阶级文化将写作吸收进那些貌似永恒的价值观,巴特认为,文化,从整体上来说,不断地将那些虚伪的、捏造的,总之,具有意识形态性的事物和价值观展示成似乎是无可争辩的、不容置疑的、自然而然的。的确,对于很多理论家来说,这种过程(将文化现象表现成自然而然形成的)正是我们通常认为的"意识形态化"一词的含义。至少在这个意义上来说,"意识形态化"即在某一历史时期,特定的文化所产生的现象被表现成看起来是永恒的、普遍的因此是自然的过程。有时,这一过程看似仅仅是由懒惰引起的。在《电影中的罗马人》(MY:26-8)中,当代电影《凯撒大帝》(*Julius Caesar*)的演员们都留着明显的刘海,以此使观众产生身在古罗马的幻觉。这部电影和其他许多电影一样,流汗的角色必须显示出焦虑的神情。在大众流行指南——《蓝色指南》对西班牙的描述中,它将一切事物(城镇、风景、居民等)降为种种刻板印象,体现出了巴特所说的"本质思考上的病态"(MY:75)。在《毕雄与黑人国度》(ET:35-8)中,《巴黎竞赛》杂志热衷于一种幼稚的关于勇敢的西方人到食人国旅行的叙述,然而在远东的战争这一历史背景可怕地凸显了这种简单的帝国主义形式。

其他意识形态化(或对特定文化现象的自然化)的例子则是资产阶级虚伪性的更为直接的产物。政客们在选举宣传册上放上他们自己的照片,以此来使自己显得像是人民中的一员,在

35

意识形态（控制）之外。葛培理运用一系列简单的手段激起了大范围的狂热，使人们接受了他的宗教式的、如巴特所说的极其"愚蠢的"修辞术。在《多米尼奇，或文学的胜利》（MY：43-6）中，法律程序在涉及一桩阿尔卑斯山区的农民的案子时，拒绝认同除了自身语言之外的任何语言，将那些主要从小说中提取的特定的资产阶级语言结构下的心理价值观转化成了所有法国男人和女人的通用语言。加斯顿·多米尼奇，连同他的乡村话语，在这一过程中被合法地消去了声音。在《布热德与知识分子》（ET：127-35）中，极右翼政客皮埃尔·布热德利用资产阶级对知识分子的刻板印象（摇摆不定的、抽象的、从根本上来说是空想主义的、无人性的）向小资产阶级兜售他的意识形态观点。

然而，除了剖析意识形态化的愚蠢和邪恶的文章外，巴特神话研究的主体部分的文章提供了更多有趣且重要的实例。它们展示了巴特所说的神话作用的过程的更多方面。关于更加隐蔽的神话的形式，最好的例子来自广告世界。例如，在《肥皂粉与清洁剂》（MY：36-80）中，巴特开始分析特定的物质怎样被赋予了在文化中特定的意识形态含义。尽管宝丝（Persil，一种肥皂粉）和奥妙（Omo，一种清洁剂）都是由同一家公司联合利华（Unilever）生产的，但对它们的介绍体现了一整套对各种物质的（明确）分类（法）。像宝丝这样的肥皂粉被视为一种将衣物从污渍中解放出来的乳状的分离性的媒介，而由氯和氨制成的奥妙等清洁剂，则被视为火，它执行清除和渗透的功能，并掀起对污垢的战争。宝丝监管污渍，而奥妙则深入衣物的内部，进行对污垢的军事打击。在另一篇关于巴黎塑料展览会的文章中，巴特指出了塑料不仅是制造物品的一种材料，还是神奇地体现了人类将自然完全转化为家庭的、资产阶级的有用之物的能力（MY:97-9）。与其他天然材料，如木材不同，塑料制品是负面的，除了自身的用途之外并无其他价值。塑料提供了一种人类世界的景象：所有的物品都是被转化而成的，或者说，起源于人类。

塑料是一种神奇的物质，它明确地显示了人类对自然的控制力量，但它最终被自然化了，充满了将自身视为永恒的、普遍的资产阶级文化的自我形象。同样地，葡萄酒，作为一种物质，充满了矛盾：对于工人而言是必需的食物，但却是知识分子男子汉气概的象征。冬天，它使饮酒者暖和起来，夏天能够降温、提神。巴特认为，尽管葡萄酒能使人喝醉，但在法国，它从未与喝醉的欲望以及犯罪原因联系起来（MY:58-61）。所有这些矛盾可以从葡萄酒的形象中体现出来，是因为归根结底，葡萄酒象征着法国人的身份。饮用葡萄酒意味着成为法国的一部分，成为法国人："信仰葡萄酒是一种强制性的集体行为"（MY:59）。巴特认为这是一种现代社会神话发挥作用的方式。神话采取像葡萄酒这样的文化性和历史性物件的形式，并将其转化为普遍价值的象征。此处指法国集体身份的观念。葡萄酒意味着某种东西，一种舒适的、家庭的，但又同时是社会性的法国文化身份（喝葡萄酒，做法国人！），隐藏着在法国这个国家内部及周围存在的历史现实及冲突。巴特在文章结尾处提醒我们，除了神话的作用，葡萄酒也是对阿尔及利亚等国家的殖民主义的产物，它"强迫回教徒们在这片连面包都很缺乏的被掠夺的土地上，供应一种他们不需要的农产品。这样的神话虽然有趣但并非无害"（MY:61）。

37　　　这里,我们对巴特论证方法的一贯印象得到了体现。巴特选取了现代文化生活中极为常见的意象和观点,他不仅仅揭示了其背后的神话学,也许更重要的是,他揭示了这样的事实:我们从始至终在某种程度上意识到了这些意象和观点的神话学特点。例如,在他的《装饰性烹饪学》(MY:78-80)中,巴特分析了像《她》这样的印刷精美、主要面向底层女性读者销售的杂志,如何将幻想中的食物以闪闪发亮的形式表现出来(焦糖的、涂了油的、充满香气的、有光泽的)。就是说,《她》将食物呈现为用来观看的(在读者的每周预算之外),而《快报》则主要面向更高收入的读者销售,刊登的是真正的食物:可以买得到、吃得到的食物。与此类似,巴特在评论巴黎的一场题为《人类的大家庭》(MY:100-2)的摄影展时,指出了在展览中工作是怎样与在出生和死亡同等的层面上被表现出来的。因此,一个本应表现人类文化多样性的展览最终却将所有人类都统一(本质化)为永恒的、普遍的一种观念,这种观念否定历史和文化差异:某些文化认为工作是一种个人或集体媒介的行为,另一些文化中,工作是一种资本主义体系下的异化的劳动行为。

　　神话学改变了一种文化的价值观。在巴特这里,它将法国资产阶级的价值观转化成一种普遍的、自然的价值观:它将文化变成自然,通常虽然肯定它作为神话、文化产物的地位。正是这种神话的复制,这种建构将神话自身表现为普遍的、自然的,以意识形态功能为特色。巴特举了一个在理发店等待理发时得到一份《巴黎竞赛》杂志的例子。封面照片是一位身穿法国军装的年轻黑人男性在行军礼,"他的眼睛上扬,也许正在凝视着一面三色国旗"。这张照片的现实显得无可争辩:这位年轻的黑人作为一名法国士兵的一瞬间被记录了下来。然而,巴特描述了在思想层面的另一层意思:"法国是一个伟大的帝国,她所有的子民,不受任何肤色歧视,忠实地服务于她的旗帜之下"(MY:116)。如巴特所描述,这个形象的意识形态意味是不可避免的。但是对于那些想否定意识形态意义以及法国作为一个兼容并包的国家的观念所特有的历史特点的人来说,对于那些想要将这种观念体现为无可辩驳的、普遍的,甚至是自然而然的人来说,以表面意思来引用这个形象总可以行得通。毕竟,人怎么能和一张照片辩论? 如人们所说,镜头从不说谎(另一种总体性[general]神话)。在我撰写本章的那周,发生了类似的现象。英国王太后逝世后,成千上万的人决定排队数小时瞻仰遗容。英国媒体描绘了由英国大众的一小撮人所形成的现象,作为全体英国人对王室一贯的喜爱之情的证据。英国的报纸和电视报道暗示着所有的英国人从根本上是团结一心的,由统一的价值观和信念联结在一起。

38

　　大部分情况下,这些形象的意识形态意义并不需要公开地表述出来,因为这样的意识形态很容易被重新激活。巴特写道:

> 整个法国都被笼罩在这匿名的意识形态中:我们的报纸媒体、我们的电影、我们的剧场、我们的通俗书刊杂志文化、我们的仪式、我们的司法、我们的外交、我们的对话、我们对天气的评论、一宗谋杀案审判、一场感人的婚礼、我们梦想的烹调、我们穿着的礼服、日常生活的所有事物,都依赖于中产阶级**所拥有的**及**令我们拥有**的在人类与世界间关系的表征。这些"正常化"的形式没有吸引多少注意,事实上是他们扩张了,而他们的起源却轻易遗失了。
>
> (MY:140)

所以,神话学家的任务在于揭露,或仅仅是提醒我们这样的形象的人为的、虚构的本质。巴特在《神话学》中的目的在于使神话去神秘性。但是,我们已经看到,神话并不仅仅是那些掌握了权力的人在我们身上所玩的骗术、伎俩。尽管《巴黎竞赛》上的封面形象表现了一种意识形态,但是它同时也是一张真实的士兵的照片。英国媒体从排长队瞻仰王太后遗容的现象中提取出一种意识形态观点,但是排队的那些人也是真实存在的,无疑也信奉着并亲身实践着这种意识形态。因此当面对那些组成了一个国家的文化的无数的神话时,必须有一种更加精密的意义解读理论模式。这样的模式应能够解释为什么一个影像、一个被拍下的事件、一例诉讼案件、一场运动赛事、一则日常新闻报道、一座建筑物比如埃菲尔铁塔或者伦敦眼,能够承载或者甚至散播

39 不同的、相互矛盾的意义。这样的模式应能够解释为什么某个事物可以是它本身,同时也是意识形态传播的媒介。巴特试图在《今日神话》一文中展现这样的方法,由此显示了费尔迪南·德·索绪尔的语言学理论对他的作品的深远影响。

索绪尔的影响:符号学与结构主义

1974 年,巴特在意大利的一次讲座上说,他最早受到瑞士语言学家费尔迪南·德·索绪尔的影响是在完成组成《神话学》的文章与撰写《后记》——《今日神话》(1957 年两者汇编成书)之间(SC:4-5)。巴特说,《今日神话》是他首次对一种能够为他一直所追求的目标——批判资产阶级文化——增加科学的严谨性的理论的热情回应。这样他将《神话学》的文章与之前的作品例如《写作的零度》联系了起来,并且将《今日神话》定性为以科学的批评为重点的新一阶段作品的开始,科学的批评更准确地说即结构主义和符号学。

巴特所说的"符号学"(semiology)是什么意思? 符号学有

时被称作 semiotics，是指关于符号的科学，由索绪尔在他的语言学讲座《普通语言学教程》(于 1915 年索绪尔去世后出版)中提出。索绪尔设想了一种能够系统解读人类世界所有符号系统的科学。符号学因此经常被称为关于符号的分析，不同于语言学符号系统中所指的"符号"。当然，要理解符号学，以及在《神话学》结尾符号学发挥的作用，我们需要理解"符号"在索绪尔那里的意思，以及形成符号的定义的语言理论。

索绪尔的语言学理论革新了研究语言的方法。之前的方法主要被语文学(philology)(词汇的历史学研究)所主导。这些理论对巴特的影响来自于结构语言学在法国及欧洲其他地方在第二次世界大战后的发展。结构语言学采取了索绪尔著作中提出的研究语言的方法。在《普通语言学教程》中索绪尔不是将语言看作一种历史现象，而是一种现时存在的系统。语言系统的观点设定了言语和语言的区别，实际上毋宁说它确立了两者之间的对立。

言语和语言

索绪尔在定义什么是语言学时面对的问题是：各种真实的及潜在的语言和言语行为千差万别。语言学家怎样才能定义每种语言行为？索绪尔的方案，他的新式语言学的中心，是将语言行为(言语，parole)和语言本身(la langue)区别开来。所有语言行为都是由(语言)系统产生的。语言系统由决定语言行为的规则组成。索绪尔之后的结构主义语言学，主要研究语言系统及它的规则、编码等，而不是研究言语(实际的语言行为)。

结构主义名称中保存的结构的观点来源于索绪尔对言语和

语言的区分。当巴特等理论家们提到"结构"时,他们指的是系统产生了具体的言语行为的观点。因此,我们可以说某个文学文本的"结构"(这个结构产生了所有文本的意义),同样也可以说整个文学的结构,或者现实主义小说的结构,这个结构产生了所有具体的现实主义小说。按照索绪尔及他之后的结构主义流派的观点,在讨论任何形式的符号时,我们必须与一个总体结构,一个系统打交道。在结构主义框架下,符号被认为是由系统或者结构所产生的。但是现在,我们需要更加具体地研究"符号"的定义。对于索绪尔及他之后的结构主义流派来说,符号是能指与所指之间所形成的任意性(约定俗成的)关系。

　　符号学是指研究组成社会的符号系统的思想。延续了索绪尔语言学研究范式,符号学最终应当涵盖语言学,因为语言只是符号学所研究的符号系统中的一种。符号学与结构主义都以索绪尔语言学为基础,研究范围也拓展到了除语言之外的其他符号系统。结构主义作为战后欧洲思想界的流派之一,影响了人41 文和社会科学领域内的所有重要学科:文学、社会学、历史学、人类学、心理分析、哲学,当然还包括语言学。结构主义认为在索绪尔之后以语言为中心将使上述学科更具客观性,甚至科学性,它反对那些传统的以研究历史和意义为主的人文主义方法,而重点研究结构性系统的规则和编码,而不是为这些系统工作、受这些系统支配的人类主体。因此,结构主义并不关心言语活动的内容(意义),比如单个的文学文本,而是确定最初使那些内容得以表达的规则和编码(系统)。作为一种批评方法,结构主义研究文学文本产生的系统,所以,它并不研究文学文本内部或者为了文本本身。最重要的是,作为学术术语"结构主义"和"符号学"相辅相成,很难将两者分开来定义。但是,在巴特的作品中,符号学更多被用于符号系统的研究,而结构主义更多被用于文学叙事的分析。

符号,能指,所指

索绪尔通过对词语或符号(sign)的新的定义,重新界定了语言和世界的关系。符号有意义并不是由于它与世界上的事物或行为有直接关系。符号是一个物质性质的能指(Signifier,声音或书写记号)和所指(Signified,概念)的组合。所指并不是指事物或行为,而是它的心理概念。英语中,声音的组合 k+a+u(cow)与所指(概念)母牛(雌性的家养或牛科动物)。德语中,能指 kuh 执行同样的任务;法语中,能指是单词 vache。符号是任意的;它的意义与外部世界并无直接联系,而是取决于它在语言系统中的位置,但语言只是符号系统的一种。世界上存在着无数种符号系统,从交通规则到建筑设计,从服装到食物。索绪尔认为,从这个意义上说,社会中的每件事物都是一个符号,属于一个系统,都可以像语言系统中的符号那样被研究。

符号学与神话

42

作为一种解释意义是如何产生的理论模式,符号学极大地影响了巴特《神话学》的主旨形成。它为他提供了一种清晰连贯的解释神话是怎样发挥作用的方法。符号的概念在此发挥了关键作用。在《今日神话》中,巴特提醒我们,符号事实上包含在一个由三个方面构成的关系中。一个符号,终究是能指与所指之间,声音或是记号和概念之间的联系。符号是我们在能指和所指之间所确定的关系。例如,如果玫瑰在我们的文化中是一个代表浪漫的符号,那么之所以如此,是因为当它们被用在一首情诗或被画在情人节卡片上时,将一个能指(这个单词或意象)与一个所指(玫瑰的文化概念)组合了起来,由此玫瑰被制造成一种象征着浪漫、激情、爱情的符号。这个符号,就是我们在能指和所指之间找到的等值关系。图1所示描述了这种关系。

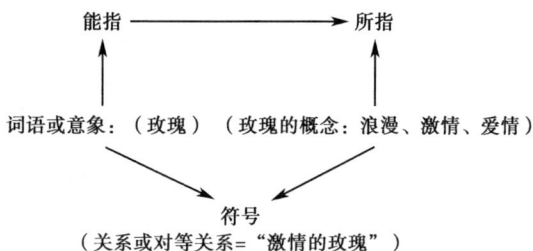

图1

　　然而,索绪尔所说的语言与神话学中的符号有着一个重要的不同点,这个不同点使我们重新认识到符号的欺骗性或者说是双重性。法国黑人士兵的形象从一个简单的层面来说,只是一个影像、一张照片。但是,正如我们之前所说,它具有另一种意识形态的、神话的意义,可以将这种意义归结到像"法国爱国主义",甚至是"兼容并包的、统一的法国"这样的短语。索绪尔所研究的语言是一个**一级系统**:它包括一个能指、一个所指以及两者的结合:符号。神话在已经存在的符号上发挥作用,无论这些符号是书面声明或是文本、照片、电影、音乐、建筑物、服装。黑人法国士兵的照片已经包含了一个符号。神话学将这个符号拿来并将它转化为一个新的所指、新的概念的能指。如巴特所说"神话是一个奇特的系统,因为它是由在它之前就已存在的符号链所建构的:它是一个二级符号系统。一级系统中的符号(一个概念和一个意象相连的整体)变成了二级系统中的能指"(MY:114)。一张报纸上人群等待王太后的棺材的照片是一个符号:能指是人群的照片影像,所指是等待瞻仰王太后遗容的人群,符号是媒体所报道的话题性事件,可将这个事件解释为"大批人群排队等候数小时以瞻仰王太后遗容"。但是,神话将影像提升到二级系统,将这一符号变成属于一个新的所指和新的符号的能指:"团结的英国大众,或整个国家或全体英国人民对王权的热爱(接受)"。巴特将这种关系以图2所示的方式表达了出来(MY:115)。

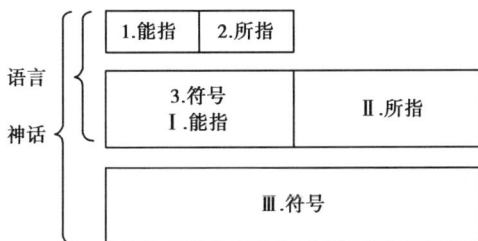

图 2

由此,神话将一级系统的意义转化成了二级系统的意义。巴特借用了法国作家保罗·瓦莱里为例解释这一点(MY:115-6)。这个例子是关于一个学生打开他的拉丁语法书并读了如下的短句 quia ego nominor leo。这个句子的一级系统的意义很明显,就是它的字面意思:"因为我的名字是狮子。"但是显然这个意义指代着别的事情,巴特以下面的方式改述为:"我是一个语法例子,用来说明主谓一致的规则"(MY:116)。也就是说,这个句子并没有表达关于狮子本身的东西,而是用一级系统中的意义表达二级系统中有关语法规则和惯例的意义。
与拉丁语教学相比,我们可能会想到英语语法中一个更常见的
例子:"The cat sat on the mat"(猫坐在垫子上)。我们可以运用
图3来表示在这些例子中意义的转化。

44

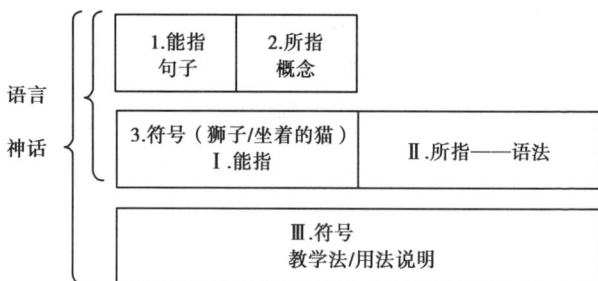

图3

我们现在已经了解了怎样解读神话的欺骗性或双重性。神
话,可以说是劫持了意义并将它转化为二级系统的意义,或者是
巴特所称的**表意**(signification)。表意在这里是指二级系统中的
符号,是由已经存在的意义、已经存在的(一级系统)符号经过
转化形成的。神话是一种**元语言**(metalanguage):一种在一级系
统基础上作用的二级系统语言,一种在已经存在的意义上产生
意义的语言。但是,巴特同时提醒我们,最初的、一级系统的意
义并没有完全被遗忘。一张年轻黑人士兵的照片,尽管从神话
学意义上来说意指了某些关于法国这个国家的东西,但总是可
以被看作是一个单个的个人。这正是为什么神话对于资产阶级
意识形态的持续和传播发挥着如此重要的作用。既然神话的能
指总是能指向两个方向,那么要去批评它就极其困难。如果我
们想要批评在神话学意义上年轻士兵照片对法国殖民主义的宣
传,那么它的能指很容易就可以被指向它的一级系统的字面意

义：一个士兵在向国旗敬礼。如果我们试图找到关于这张照片的最基本层面的意义，就会发现这一层面的全部内容被掏空了，因为重要的并不是这个真实存在的、单个的士兵(他的出身、信仰、经历)，而是他代表着什么(或意指着什么)。巴特写到，神话就像不在场证明，它总是这样说："我不在你认为我在之地，我在你认为我不在之地"(MY：123)。因此，《巴黎竞赛》上年轻士兵的形象掏空了他的历史(特殊性)，将他转化为一种类型、一种法国式爱国主义的本质。不论它以什么方式转变了能指(这是一个年轻人，仅此而已，是每一个法国男人和女人)，它都驱散了所有真实历史的形象，将之呈现为不容置疑的、法国社会的本质、一种自然。符号学的前景，或者说巴特对它积极吸收的原因，在于它看似能够厘清神话并解读它，进而为一种有效的批评方法提供基础。

　　然而，此处我们必须注意的是，在《今日神话》的结尾巴特回到了《写作的零度》和《批评论文集》的读者所熟悉的主题：资产阶级文化所显示的难以抑制的吸收能力。巴特在《神话学》中所运用的对神话的符号学分析方法，也可以被很容易地、像各种形式的先锋式写作一样，被吸收进文学结构中。正如安迪·斯塔福德所说，在《神话学》出版后的几年内，雷诺汽车公司就向巴特咨询关于一个新的广告活动的意见，并"被要求就两个时装设计师的竞争在《美丽佳人》上撰文"(Stafford 1998：157)。正如乔纳森·卡勒指出的那样："去神秘化并没有去除神话，反而给了它更大的自由"(Culler 2002：28)。当然，针对这种对去神秘化或批评方法的不可避免的吸收作用，唯一的答案是不断去改变去神秘化或批评方法的生成及表达方式。巴特在1960年代的作品中探索符号学分析方法的同时，也不断变换他所使用的术语。他并不提供一种固定的理论模式,而总是提供一个起点、一种前景、一种批评科学的前奏,这种科学为了保持批评的实效性必须不断变化发展。

符号学、语言学和时装

巴特的《符号学原理》直接体现了改变、调整,甚至从根本上修正索绪尔的符号学理论模式的意图。《符号学原理》是一部导论性的研究,最早发表在 1964 年法国的《交流》杂志上。巴特在开头指出,索绪尔“认为语言学仅仅构成了符号学整体科学的一部分”(ESe:77),即符号学最终包括语言学。然而,巴特认为,语言是摆脱不了的:“去理解某种物质意指着什么将不可避免地依靠于语言的个体化:没有意义是不被指定的,所指的世界正是语言的世界”(ESe:78)。尽管对于符号学的最好定义是符号的研究,而不是对语言的研究,但巴特却主张,符号学离不开语言学的理论模式,因为语言学的理论模式有力且全面地解释了什么是符号,以及符号怎样运作。此外,符号学系统在某些情况下依赖于语言,这种依赖体现在报纸或杂志照片的标题,或广告中符号的使用,或政治表述中特定的陈词滥调和老套表达,或如我们刚刚研究过的从一级系统到二级系统复杂的意义转化。

颠覆了索绪尔的层级关系、将符号学归入他在《符号学原理》中所称的“超语言学”(trans-linguistics)的最重要的例子,体现在巴特最详实的符号学研究著作《流行体系》(*Système de la Mode*)中,1957 年到 1963 年完成了其研究和写作,最终于 1967 年出版。此时巴特已经开始从根本上质疑他在《今日神话》、

《符号学原理》和同一时期的其他文章中所描述的符号学方法。因此,《流行体系》成为了一种已经变成另一种东西的方法存在的证据,成为了"符号学的某种历史"(FS:ix)。巴特解释道,尽管他最初的目标是研究"真实的服装(将服装理解为穿着的服装或至少是被摄影的服装)"(FS:x),但实际上他关注的只是书写的服装。这看上去是一种糟糕的对真实服装的符号学研究。将流行降格为出现在一个特定的时装年(1958年6月至1959年6月)里有限范围的女性杂志(主要是《她》和《时装之苑》)中的时装照片的标题或小段文字,这看上去必然极大缩小了我们所说的流行的含义。然而,如巴特的研究所证明的,流行体系正是这样运行的:它将一系列的结构经过真实的服装,直到它最后以一个意义、一个符号与公众相遇,这完全是语言学的,完全依赖于语言。巴特反问道:"是否有实体系统可以无需分节语言而存在? 言语难道不是任何意指规则的中介?"(FS:xi)。

在这项研究中对索绪尔的颠覆恰到好处,因为巴特在面对时装写作时,可以分析那些支撑并吸收流行体系的"神话"。毕竟,时装工业,很大程度上依赖于一系列的"神话"来制造一种无辜的假象,而事实上却加速了消费。也就是说,没有了服装的神话学,人们也许乐于存在于"衣着的缓慢时间"(FS:xii)。衣服,总体上来说,需要很长时间才能穿坏。流行体系中的神话的存在加速了消费,将人们(主要是妇女)锁入一种可以通过可互换的、分层的、可重复功能的词汇来产生消费的年度性系统。

巴特提出,对服装的描述可以归结为一个简单的公式、或是他定义的一个意指单元,这个意指单元可以用一个意指作用的对象物(Object),一个意指作用的支撑物(Support)和一个变项(Variant)(O,S,V)来描述。所以"有一件宽松罩衫的裙子"可以用以下方式表述(FS:64)。

skirts with a full blouse

裙子有一件宽松的罩衫

　　O　　　　　V　　　S

变项(V)和意指作用的支撑物(S)的要点在于,一旦它们在一个例子中成立,我们可以立即想出其他的例子。因此:

skirts with a half blouse

裙子有一件半截的罩衫

　　O　　　　　V　　　S

或

skirts with a denim blouse

裙子有一件粗布的罩衫

　　O　　　　　V　　　S

或

skirts with a see-through blouse

裙子有一件透明的罩衫

　　O　　　　　V　　　S

很显然,这一公式(或母体)的主要特征在于它是明显可以重复的。一旦一个公式成功地被建立,只需要简单地调整变项或意指作用的支撑物就可以不断修改它。我们还应当注意,O,V 和 S 的位置可以调换,如巴特书中的例子(FS:73)。

a cardigan with its collar open

一件羊毛开衫领子敞开

　　　　　　　O　　S　V

high waists for (evening) dress

高腰的晚礼服

V S　　　　　O

collars that are small for（sports）shirts

领子小的（运动）衫

S　　V　　　O

还应当注意的是分层式意指单元的可能性。例如（FS:73）：

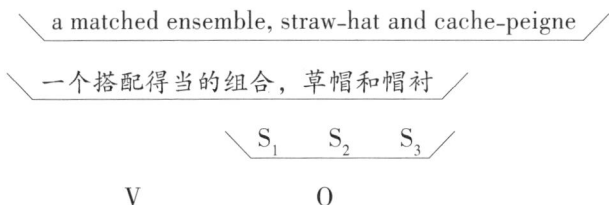

＼ a matched ensemble, straw-hat and cache-peigne ／

＼ 一个搭配得当的组合，草帽和帽衬 ／

＼ S₁　　S₂　　S₃ ／

V　　　　　　O

甚至也有可能用一个单词就能包含意指作用的对象物、意指作用的支撑物和变项三者（FS:77）。

今年蓝色很流行

今年的流行 ＝＼（颜色）蓝色／

OS　　V

流行系统,在此基础上,可以被理解为变项的一年一度的替换。显然,裙子每年都有,但是它们的变项,无论它们是长的或短的,有褶的或锥形的,拉链或纽扣式的,都使得流行体系从一种简单元素库里持续地重建或再生其讯息。

巴特投入大量时间区分包含在流行体系中的不同结构。符号学者在面对这个体系时,遇到的是一种"真实的服装",服装的视觉体现和"书写的服装"。巴特在解读流行体系时遇到的许多问题在于他需要处理多种结构这一事实。他的解决办法是运用语言学方法来证明意义的层次是怎样建立起意指或者关于世事（A 类系统）或者流行本身（B 类系统）的讯息。例如,"印花正在取得比赛的胜利"这样的一句话,给了我们一个 A 类系统,因为它不仅说明了当前什么是流行的,而且为我们提供了一种社会权利的意象。但是,"女性的裙装将短至膝盖,采用淡色

49

的格子布,脚穿双色浅口轻便鞋"则是一种对什么是流行的直接陈述,因而是 B 类系统的例子。

　　巴特在运用这种在整个研究中都很重要的区分时,宣称流行在 A 类系统中是一种内涵价值(从在社交场合中穿印花裙子就能变得时髦而推断出来),而流行在 B 类系统中是一种外延价值。

　　巴特证明,流行书写通过建立组合(用"●"来表示)和同义(用"三"来表示)的链条来运作。这些链条包含一系列大量的元素并从中产生基本的信息。我们对广告世界中的这些过程极为熟悉,在广告世界里,这样的组合和同义关系是大量产品被介绍并卖给人们的惯用手法。将一种牌子的啤酒与阿尔卑斯山滑雪结合起来的结果是一种同义关系的产生:清爽、高雅、提神及活跃的男子气概。那些在广告世界中工作的人都知道,这些可能性是无穷无尽的。因此,面对着"城市里的日常服装以白色为主调"这样的表述,巴特以如下方式改造了组合和同义关系:"日常服装●主调●白色三城市"。这样使得我们可以改造以下的观点:"日常服装上的白色主调是城市的符号"(FS:48)。所以,流行体系中的不同的层次或编码,通过将所指转化成能指再产生新的所指而运行。比如,此处,从一个层面看上去是一种对事实的陈述(所指="城市里的日常服装以白色为主调")变成了在另一个层面上产生新的所指的能指(所指="日常服装上的白色主调是城市的符号")。当我们分析这些层面时,就更充分地进入到了内涵或内涵意义的范围。然而,最终我们所看到的表述的所指,意指着与在它的表述和内容上所包含的字面上的、外延上所不同的东西。一种现代性的、城市或大都市的、卫生或简洁性的形象最终成为这一表述中的重点。我们怎样对巴特所称为的"修辞编码"(rhetorical code)——意指作用的最后一层——做出回应取决于呈现这一表述的杂志或期刊的语境。

外延与内涵

巴特在《符号学原理》中采用了由语言学家路易·叶尔姆斯列夫(1899—1965)发展的对外延和内涵的区分理论。一个外延性陈述是一级表述;这样的陈述涉及的是构成这个陈述的单词的字面(一级)意义。例如,面对"印花正在赢得比赛"的陈述时,我们得到的是被使用的单词,或者巴特所称之为的"**表达面**"(E),还有单词的字面意思或称之为"**内容面**"(C),接着我们在两者之间形成一种**联系**(R)来找到这个陈述的意义。在外延层面上,"印花正在赢得比赛"是一个相当奇怪的陈述。这个陈述当真期待我们去相信它包含印花衣服和赛马比赛的胜利的意义? 如果我们只是想要通过从

(E)表达面(被使用、选择的词语)

移动到

(C)内容面(这个陈述的字面意义)

而寻找意义,那么我们一定会失望。仅仅从(E)移动到(C)给了我们一种荒谬的一级(外延)意义。我们需要移动到在(E)和(C)之间的关系层面(R),以此到达一种二级意义(内涵),来理解这个陈述。在这个陈述中明显暗含着另一种意义,这种意义存在于内涵层面上。从外延层面移动到内涵层面包含着我们在解读神话时同样的过程:我们从一级意义(外延)移动到二级意义(内涵)。在我们的例子中内涵包括了一个关于什么是流行的及怎样算时髦的(穿印花)和权力(胜利、被视为胜利者)的类比关系的陈述。巴特用以下方式表达这种关系(ESe: 149)。

> ## 2   E   R   C
> ### 1   ERC
>
> 巴特这样表述:"第一系统(ERC)成为第二系统的表达面或
> 能指",因而也可以被表达为:(ERC) R C.。巴特补充说:
> "第一系统是**外延面**,第二系统(比第一系统更广)是**内涵面**。
> 我们因而可以说一个内涵性的系统是一个表达面本身由一
> 个意指系统所构成的系统"(ESe:149)。内涵,一种暗含的、
> 二级意义层面在巴特的结构主义和后结构主义时期一直占
> 据着极为重要的地位。

修辞编码包含了在这些流行系统的例子中想要读者接受的
世界观和意识形态符号。因此,巴特对流行体系的研究最终通
向了对这样的复杂符号系统之最终产品——神话——的改造和
分析。流行以对于《神话学》的读者来说很熟悉的方式运行:它
或者在实用性或自然性(像在 A 类系统中那样)表面背后隐藏
着自己的意义,或声明它们作为一种合法性事实(像在 B 类系
统中那样)(FS:263-4)。流行,作为一种"神话"形式,将人工的
转换成一种"自然"的符号,从而掩盖它完成了这种转化的现实
(FS:283-4)。

我们应当记住,基于同义关系和组合(在流行和世界之间、
在衣服和流行之间)的流行体系,建立在由一小群编辑和顾问
的决定的基础上,最终呈现出这样任意的关系,好像它们是必然
的、自然的,或者是一种无法逃避的法则。巴特这样写道:"明
显是由于流行是专制的而它的符号是任意的,所以它必须将它
的符号转换为一种自然的事实或理性的法则"(FS:263)。从这

个意义上说，《流行体系》，如里克·瑞兰斯所表明的那样，是巴特写过的最大的、最广泛的，也许也是最令人沮丧悲观的"神话学"（Rylance 1994：42）。然而，它也同样是巴特最具破坏性的对资产阶级意识形态和对它所制造的符号的自然化倾向的最严厉的批判。由此，《流行体系》对于我们理解巴特在 1960 年代的思想发展、他的神话学作品与社会符号系统作品的联系以及对文学作品的结构主义分析都起着至关重要的作用。

52

小　结

本章我们分析了巴特是怎样将他在之前作品中对资产阶级文化的批评拓展为对现代"神话"的全面分析。神话，作为一个完全的意识形态化的过程，通过将具体的文化事物和关系表现为永恒的、自然的，因而是不可置疑的来运作。巴特运用符号学确立了一种严密的、用来去神话化现代法国文化无所不在的神话学意义的技巧。

结构主义

本章继续分析巴特的符号学和结构主义思想。这里我们从巴特对现代符号体系的符号学分析转向他在确立对叙事作品的结构性分析方面的成就。但是,在分析巴特职业生涯的这个重要阶段之前,有必要了解其在 1960 年代,作为理论家和批评家的公共形象是怎样发展的。巴特在 1960 年代逐渐被视为与知名大学中所推行的批评方式针锋相对的新的文学批评形式的领军人物。了解一下巴特的 1950 和 1960 年代的作品如何激发了保守的和先锋的批评形式的辩论(有时被称为"争论"),十分必要。

旧批评与新批评:"皮卡尔论战"

当巴特将我们在前一章提到过的理论运用到文学批评中时

发生了什么？答案首先是，这种做法产生了争议。在最初表述符号学和结构主义对其影响的文章中，巴特对他称之为的"两种批评"（CE：249-54）做出了区分。一种批评是新式的，运用来54　自结构主义、心理分析等其他理论成果中的新式模式和方法。巴特称这种批评是解释性的。它公开展示与意识形态立场（马克思主义的、存在主义的、心理分析的）的紧密联系，这么做是因为它履行着批评的根本任务：对自身、对自身的语言，以及它自身与研究对象的关系的反思。与解释性的批评相对应的是巴特所称之为的学院式批评，有时也称之为"朗松主义"，得名于索邦大学教授居斯塔夫·朗松，他确定了20世纪上半叶法国文学批评的基本原则。学院式批评假装置身于意识形态之外，错误地试图从作者身上以及其他外部背景去寻找文学作品的意义，比如历史事件和生平经历。巴特在《论拉辛》中回到了这样的主题，将对拉辛的解释性批评与传统的学院式批评对立起来。

　　巴特对学院式批评的批判涉及巴黎以及整个法国的大学机构的复杂的社会和政治版图（见 Bourdieu 1988）。我们应当记得，巴特到了1960年代供职于巴黎高等研究院（EPHE），一个乐于接受符号学和结构主义思想的机构。到了1962年，巴特成为巴黎高等研究院"符号、象征物和表现的社会学"研究中心主任（Calvet 1994：135）。因此他对学院式批评的攻击无疑更加指向传统的高等学府。毫无疑问，索邦大学教授、著名的拉辛研究的学者——雷蒙德·皮卡尔是这样认为的。皮卡尔1964年的檄文《新批评还是新骗术？》直接抨击了巴特。皮卡尔称作的新批评被他定性为含混不清的、故弄玄虚的，从根本上亵渎了文学的伟大。皮卡尔和巴特的辩论成了全国及国际新闻,这无疑帮助巴特提高了作为当代法国先锋理论和批评的代表人物的声望。同样也促使巴特完成了他的文学批评理论的最清晰的表述之一。

《批评与真理》,首次出版于 1966 年,是巴特对皮卡尔的回应。由于皮卡尔将一批相当多样化的、在巴特看来很不同的一群批评家和理论家定性为"新式的",巴特挑衅地将皮卡尔的方式定义为"旧批评"(见 *Œuvres complètes*,Vol.2:20)。巴特提出,"旧批评"所不能忍受的是"新批评"研究的对象并不是理论评价(传统形式的批评的基础),而是语言本身。对语言结构的关注打破了一系列"旧批评"的原则,尤其是"真实性"原则,这种原则认为批评应当依据传统的、既定的价值观。在这里,巴特的主张与他在《神话学》和其他地方对"常识"的批判有显著联系。他力图证明像皮卡尔这样的批评家的自然化倾向。巴特指出,"旧批评"以语言的"客观性"、"良好的趣味"及"明晰性"为原则,来保证文学是安全的,保护它远离意识形态、历史,最终远离无法被分解成单一意义的符号性的语言。巴特认为,旧批评想要将自己表现为客观的、在意识形态问题之外或超越了意识形态问题。但是,旧批评对常识、客观性、良好趣味及明晰性等资产阶级意识形态的依赖,说明这样的立场是站不住脚的。例如,它对"明晰性"的强调,只不过是一种将它不喜欢的批评话语定义为"难懂的行话"的方式。在《神话学》中,巴特已经对这种做法做了有力的论述。在一篇题为《盲目无知的批评》的文章里,巴特已经注意到,资产阶级式的批评在面对它想要排斥的观点时,时常表现出一种"不理解"的态度。比如,在面对存在主义或马克思主义时,资产阶级的反应通常是说:"我不懂,因此你们一定是白痴"(MY:35)。在此意义上说,旧批评实行了自欺行为,因为它隐藏了自己的意识形态观点。此外,这种行为也放弃了自己作为批评与思想交锋的责任。巴特指出,将"新批评"联结起来的是主动展示对现有的意识形态立场——无论是存在主义、心理分析、马克思主义还是保守派——的联系。

《批评与真理》通过分析关注语言结构对批评的意义而超越了皮卡尔。巴特在这里描述了三种对待文学文本的态度:科学、批评及解读。科学的方法是一种结构主义方法,讨论的是产生文学作品的整体系统(假定模式的描述)。这种形式的批评是一种文学的科学,它并不关注单个作品的内容,而是那些使意义成为可能的条件。这种批评方式的明证之一是巴特作为主要贡献者的在巴黎高等研究院的课题,即试图为叙事的结构主义分析奠定基础。巴特的《叙事作品的结构分析导论》(SC:95-135;另见 IMT:79-124 及 BSW:251-95)是他对这一课题所贡献的经典之作。

叙事作品的结构分析

巴特以一种典型的、我们现在都很熟悉的结构主义方式作为《叙事作品的结构分析导论》的开头。巴特在一开始提醒我们,叙事就像人类文明一样古老,因此有无数的叙事可供分析。面对无穷的叙事,怎样开始去分析它们呢?答案与索绪尔面对世界上无数的语言现实、或者巴特面对无数的真实的服装的例

子一样。我们无法从叙事或语言或服装的实例入手。结构主义
分析,像索绪尔的结构主义语言学所体现的那样,必须无视言语
(parole)(叙事的、语言的、时装的行为),而只能直接致力于建
构一种"假设性模式"(SC:97)。科学性的叙事分析必须从归纳
法(从单例中推断意义)转化到演绎法(建立一种能够检验个例
的模式)。巴特认为,关于语言及结构主义语言学的模式是现
存的最切实可行的模式。使用这种方法的原因在于结构主义认
为,所有言语行为(parole)必然来自于一个编码和惯用语系统
(la langue):"一种叙事的组合和生成离不开一套暗含的单位
和规则系统"(SC:97)。

　　因此,叙事的结构分析采取了语言学的模式。巴特提出,事
实上,它将叙事和句子做了类比(对等关系)。巴特注意到,语
言学止于句子;它将语言视为最高单位继而研究那些构成句子
的组合及对立规则。叙事的范围大于句子,它们由很多句子组
成。叙事是一种话语,话语在这里被理解成社会上的广义的语
言学形式:记叙、诗歌、哲学文章。但是,去建构叙事作品的模式
系统,我们必须将它们看做像一个句子一样的单个单位(SC:99)。
这种叙事和句子之间的类比关系(对等性)使得巴特和其他结
构主义学者能够将从语言学研究的一系列原则吸收进叙事研究
中去。最重要的例子,是语言学基本的对立关系组:语言的组合
关系轴和聚合关系轴。

组合关系与聚合关系

　　语言的组合关系轴和聚合关系轴(有时被称为**系统**,有时被称为**关联**)说明了索绪尔的观点,即语言是通过组合和关联关系而运作的(见 Jefferson and Robey 1986: 49-51)。一个简单的句子,"Prints are winning at the races"(印花将要赢得比赛),依靠两个关系轴而存在。这个句子通过一个水平空间或者词与词之间的序列安排而生成(组合关系轴)。词语的顺序组合遵守语法规则(主要动词在主语之后,宾语在动词之后)。但是,这个句子同样也是由一系列选项所构成。比如,"winning"这个词可以被其他很多的词汇所替换,比如"triumphant"(胜利的),"victorious"(得胜的),"first"(第一的),"first home"(有希望得胜的)。当然也包括巴特从原先的语境中使用的 "fashionable"(流行的)。这就是语言的纵向面、关联面,也称之为关联或聚合关系轴。由此,句子按照顺序将词汇组合在一起,但是这些词汇之所以具有这样的意义是因为它们与其他词汇互相关联。句子存在是因为它们将词汇组合在一起(组合关系轴),也是因为它们选择了特定的词汇而不是另外一些词汇(聚合关系轴)。巴特在《符号学原理》中讨论了上述的两个语言关系层面(见 ESe: 121-48)。

　　巴特对叙事作品的结构分析方式与语言的组合关系和聚合关系层面相对应,关注的是各个层级,比如说叙事中包含的行为层,是怎样被纳入更高层级的意义中的。巴特提出,叙事作品包含三个描写层次:处于基础层面的最小单位,巴特称之为功能

层;更高一级,巴特称之为行为层;最终也是最高层,巴特称之为叙述层。于是,我们得到:

叙述层

行为层

功能层

对叙事作品的结构性解读意味着去分析叙事的意义怎样通过归并的过程而产生。功能层被纳入到行为层,行为层最终被纳入到叙述层本身。

功能层包含叙事的所有元素,因为正如巴特所说,在一个叙事文本中,没有什么是无意义的。在叙事中即使是最细小的功能,比如电话铃响,或者一根香烟被点燃,都有意义(SC:104)。巴特将功能分为两种。**分布类功能**(distributive functions)包括一种因果逻辑:如果电话响了,它或者被接听或者不被接听。我们可以根据紧跟它的内容理解这种功能的意义。与分布类相对的另一种功能,巴特称之为"**迹象**"(indices):它们是那些可以被综合起来产生一种意义的细节,并不一定是按照时间顺序排列。例如,它们可以为"人物"描写发挥作用。这些功能,比如提到一个人物的头发颜色,或者当一个特定的人物进入街道时突然下起雨来,在被移动到下一层次,行为层上,才能被理解。迹象因此被过渡到更高的层次中去。例如,在叙事中所称之为的"人物"(可以通过一个词来描述,比如"邪恶的"、"危险的"、"神圣的"或"纯洁的"等)从未被直接命名,而是通过一系列的功能性细节——他们所穿的衣服,说话、走路、吃饭、对待宠物和父母的方式等——被迹象化。例如,伊恩·弗莱明笔下著名的特工詹姆斯·邦德(巴特的文章中以伊恩·弗莱明的《金手指》

58

为例)这个人物被一系列这样的迹象所围绕,只有将所有这些迹象归并到更大范围的行为层,它们才能被理解。

　　这样的方式——最终为了分析功能和迹象的整合行为——使得巴特得以在他的分析中引入一些重要的结构主义观点和结构主义思想家。例如,巴特参照了弗拉基米尔·普罗普(1895—1970)的著作。普罗普对民间故事中的序列(sequences)做了详尽的分类。普罗普和巴特认为,序列(普罗普使用、巴特所改造的一词)将一系列功能综合起来并入行为层,这些行为层可以通过某些特定的惯用词表现出来:骗局、背叛、诱拐、冲突(SC:114-15)。不难理解,童话故事很大程度上依赖于序列的重复使用:这样的故事,总是以男女主人公喜结良缘为结尾,同时,这样或那样的邪恶人物总是一心破坏他们喜结良缘的结局。识别出这些序列并定义它们也就是将一系列功能归并到行为层。根据普罗普的研究,一则民间故事,并不能提供一种与众不同的叙事,而是通过不断激活那些已被熟知的序列,因此很轻易地将读者从故事的独特性移动到常用的意义(行为层),这则故事把行为层再演练一遍。与此类似,我们可以将那些表达角色模式的迹象进行分类、命名;巴特采用了 A. J. 格雷马斯(1917—1992)的六种基本角色模式(主体与客体,发出者与接收者,辅助者与反对者)(SC:119)。巴特在肯定这些角色模式之外,认为在现代小说中,还有很多种可以被命名的角色模式。如被深爱者、求婚者、背叛者、诱拐者等。

　　正如巴特所解释的那样,这样的结构主义做法提供了一种科学分析多种不同叙事的可能性。例如,普罗普所研究的民间故事,极大程度上依赖于简单的功能和它们所生成的序列。这些叙事并不十分强调人物。但是,现代小说似乎非常依赖于将人物迹象化,从这个过程中产生了复杂的、在这类叙事中极为典型的"心理现实主义"。

从以上分析可以看出,叙事并不直接反映现实。巴特对叙事作品的结构分析构成了他毕生对资产阶级文学现实主义理想的批判的关键时刻,这种批判已经在他的《写作的零度》中体现了出来。现代小说利用功能和人物及气氛的迹象来制造"现实"的假象。正如巴特反复指出的那样,在资产阶级文学中的细节(描写)总是与"现实"、"现实主义"联系起来。巴特的结构主义分析活动通过分析系统(形式)而不是现代叙事的现实基础,继续着他对资产阶级文学的去神秘化。在这一方面一直影响巴特的是结构主义人类学家克洛德·列维-斯特劳斯(1908—2009)。列维-斯特劳斯对法国内外的结构主义运动的深远影响,来自于他将结构主义原则运用到对原始文化的研究中。在《结构人类学》(1950)、《野性的思维》(1962)和《生食和熟食》(1964)等作品中,列维-斯特劳斯将人类学的重心从研究原始社会的仪式和神话的内容和意义,转向了对总体意指系统的结构主义理解,这种意指系统在更为文明的社会中也有所体现。正如巴特在他的1962年的文章《社会学与社会逻辑》中声称的那样:社会,任何社会都直接致力于建构现实,因而结构主义分析是必要的"(SC:162)。这种认同背后的含义,在《神话学》和《流行体系》中已体现出来。人类在社会中的活动是经过调和的,它们包含在意指系统之内。换句话说,叙事虚构作品都是经过了意指过程而被我们所接收。叙事作品并不直接作用于我们,也并不直接反映现实,它们的意义总是与一个构成它们的意义的基础的系统(巴特在本文所总结的)密切相关。也就是说,一个叙事的意义来源于产生它的叙事系统,而不是来源于它

60

对现实的体现。所有叙事的意义都是被调节的:调节的最基本意思是指,在表现它的过程中,经历了一个转化的过程或系统。

叙事的调节性在系统的最高级——叙事层本身体现得尤为明显。巴特提出,正像句子假定一个"我"(讲话者)和一个"你"(聆听者),叙事最终应当在它们怎样设定"叙事者"和"读者"的方面来加以理解。传统的文学批评方式通过解读叙述者的符号而将作者置于叙述者背后。这种认为作者是叙事符号的来源的思想与结构主义背道而驰。因为它意味着一个叙事的形式和意义来自最初的人类的意识。也就是说,以作者为中心的思想,认为叙事是不经过调节的,是独特的作者意识的独特表达。巴特在他的著名的《作者之死》(1968)一文中反复强调,结构主义分析必须完全摒弃作者,完全在叙事系统内部阐释叙事的符号和解读的符号。巴特这样说道:"心理学意义上的人和语言学意义上的人毫无关系,前者不是由排列、意图或特点所定义,而是由在话语中的被编码了的位置所决定"(SC:125)。所以,巴特认为叙述者的符号,遵循语言结构的规则,像句子那样,必须或者处于个人模式或者处于客观模式。同样,读者的符号是关于社会是如何接受叙事的这些编码和实践。尽管这篇文章没有展开讨论这一问题,但是巴特的确再次评论了资产阶级文学,尤其是现实主义小说,是怎样努力隐藏它的社会消费的符号的。如此,巴特的结构主义叙事分析,最终回到了我们在本章及上一章所讨论的去神秘化课题上。正如巴特所说:"资产阶级和由它所催生的大众文化被他们拒绝展示它的编码而标注了出来:两者都呼唤符号,而这些符号看起来并不像符号"(SC:128)。

《叙事作品的结构分析导论》代表了巴特对其所论证的"文

学的科学"的最努力也最深入的一次尝试。但是,我们要记住,
科学的态度是巴特在《批评与真理》中设定的三种方法之一。
巴特如何定义"批评"与"解读"?他在 1960 年代末和 1970 年代
初的作品更多转向对后两者的分析。

小　结

　　我们发现,在通常被认为是他的结构主义时期(1957—
1967),巴特作为"新批评"的领军人物而声名狼藉。与皮卡
尔的论战促使巴特在《批评与真理》等作品中清晰地表述了
他的批评方法。这个定义十分重要,因为它清楚表明了,努
力去发展一种结构主义式的文学科学,只是巴特目标的一个
方面。本章我们特别分析了巴特在 1960 年代的著作中的结
构主义方面。结构主义语言学为文学科学提供了一种前景,
巴特主要将它运用到了叙事研究中。这种科学方法补充了
巴特在符号学著作中的观点,因为它解密了传统的关于"意
义"的观点。在巴特手里,符号学和结构主义文学批评通过
揭示其通常被隐藏的对人造符号系统的依赖,实现了对现代
社会的批判。

5

作者之死

本章及下一章将讨论巴特1960年代末至1970年代初的作品。从文化及政治背景来看,这一时期的法国历史由1968年学生和工人运动以及后续事件所主导。1968年5月初,针对越南战争及法国僵化的政治形势的学生运动从楠泰尔扩展到了索邦大学、巴黎街头以及法国的其他城市。工人协会、法国共产党,以及众多左翼、极左翼的团体,在月末时一度威胁要推翻政府。尽管1968年的五月事件最终被传统的政治机制所遏制,但激进的精神或者革命的思想开始在法国思想界内外取得支配地位。与1960年代末激进的政治运动相匹配的是激进思想的兴起,这些思想由雅克·德里达(1930—2004)、茱莉亚·克里斯蒂娃(1941—)、米歇尔·福柯(1926—1984)、让·鲍德里亚(1929—2007)和菲利普·索勒斯(1936—)等理论家和哲学家所推动。这些新的思想后来被归类在广义的后结构主义的名下。巴特的思想受到了后结构主义理论的深刻影响,也反过来影响了很多后结构主义的重要思想家。

64　　## 超越科学:一种新的符号学

即使在他的结构主义和符号学研究最为鼎盛的时期,从《今日神话》(1957)到《流行体系》(1967)的出版,巴特已经明确指出,对符号系统的科学性研究的观点,只是一种"观点"。例如,在《批评与真理》中,当讨论结构主义作为一种"文学的科学"时,巴特谨慎地将他的评论用将来时来表达。1971年,他在斯蒂芬·希斯对其的采访中解释道:

> 在《批评与真理》中,我确实提到了文学的科学,但是令我失望的是,我在句子中用了特定的词,以便那些注意到歧义和省略的人能够看到,这一点却被忽视了。在讲到文学的科学时,我把这句话放到了括号里:"如果有一天它存在着",意思是说事实上我并不认为文学批评会成为"科学的"。

（GV:131）

在另外的场合,巴特提到他的结构主义时期时说,他认为他一度陷入对分类的迷恋、对运用"系统学"的快乐之中(SC:6)。在这个意义上,作为作家的巴特从1960年代的早期到中期的做法与他在1971年的著作《萨德/傅里叶/罗耀拉》中所研究的三位作家相似。在这本书中,巴特选取了三个极其不同的作家:萨德侯爵(1740—1814),因其色情文学声名狼藉;依纳爵·罗耀拉(1491—1556),耶稣会的创始人,《精神训练》一书的作者;夏尔·傅里叶(1772—1837),乌托邦政治文学作家。巴特提出,这些不同特色的作家的共同点,是对系统和分类的迷恋。萨德分类性行为,罗耀拉分类精神行为,傅里叶在他想象中的完全和谐的社会中分类社会行为。他们中的每个人都是"语言的创立者",关注的是在他们的文本中所创造的世界而不是表现他们生活的现实世界(SFL:6-7)。作为结构主义者的巴特同样可以被看作是"语言的创立者",在作品中创造了一个充满分类和系统关系的世界。我们也可以将在结构主义时期的巴特视为分类的热爱者,同萨德、傅里叶和罗耀拉一样痴迷于分类本身以及分类所产生的快乐。

65

我们已经知道,作为作家和理论家,在结构主义和符号学方法开始被学术界和知识分子界所同化的时刻,去推翻这些方法,符合巴特的一贯主题。这种研究重点的转变,集中体现在他的 1971 年的一篇文章中。文章回顾了自《神话学》出版以来发生的变化。这篇文章题为《今天的神话学》(Mythology Today)(RL:65-8);也同样在《图像—音乐—文本》中出版,题为《改变客体本身:今天的神话学》(IMT:165-9)。当然,不变的是法国文化对神话的依赖。但是,巴特认为,在《神话学》中所实行的对神话的去神秘化解读已经十分普及,并被整体文化所吸收,以至于"任何学生都可以批判某种形式(生活方式、思想、消费)的资产阶级及小资产阶级性质……去神秘化(或去神话化)本身已经成为一种话语,一个词组的语料库,一则传道师布告"(RL:66)。在第 3 章中我们已经看到巴特在《神话学》中的方法被完全依赖于神话生产的文化力量快速地同化。

符号学,再加上结构主义,处于巴特在第一本书中所定义的"书写"的位置。尽管它们没有经历有规律的变化,却受到一种总体的、不可逆的文化适应的威胁。巴特在《今天的神话学》中提出的对策是从去神秘化神话转换到彻底批判、推翻符号本身:"现在到了必须扰乱符号,而不是揭露神话的时候了"(RL:66)。这种研究重点的转变意味着有一套新标准的一种新的符号学。巴特写到,这种新的符号学的任务"不仅仅是去倒转(或纠正)神话性的信息,即外延在下,内涵在上,性质放在表面,阶级利益在深处,而是去改变客体本身"(RL:68)。巴特提出,去神秘化的新的客体,必须是符号本身:"最初,我们努力达成摧毁(意识形态)所指,现在我们力图达到消灭符号"(RL:67)。

为什么这种在巴特的文章中所假定的新的符号学必须攻击符号本身?显然,这样的行为与符号学的本质——对文化中的符号的总体研究或科学研究——背道而驰。很明显,曾经作为建立符号学和结构主义方法基础的符号的观念,在这篇文章中得到了截然不同的对待,看上去成了死敌。巴特确实看上去将符号与资产阶级社会等同了起来,而原来正是借助符号巴特才得以实现对资产阶级社会的批判。巴特写到,新的符号学的批评客体:

> 不再是法国社会,而是在历史上和地理上更大范围内的、统一于一个宗教体系(本质、一神论),被一个从柏拉图到《法国周末》的西方意义系统的实践所认同的整个西方(希腊—犹太—伊斯兰—基督教)文明。
>
> (RL:67)

看上去,符号必须被攻击,因为它处于一个支撑西方文化的意义系统中,既包括它的哲学起源(柏拉图和希腊哲学),也包括现代的大众传播系统(在这里以《法国周末》为例)。也是由于它与那些探究真理以及认为自己就是真理的哲学和一神论宗教在某种程度上的联系。西方哲学传统与主要的一神论宗教有何共同之处?这两者与现代大众传播又有何相似?巴特为什么将他毕生对法国资产阶级文化的批判并入对哲学和重要的一神论宗教运用符号的方式的抨击当中?

符号的解构：德里达的影响

巴特在《今天的神话学》中的观点与雅克·德里达的解构主义哲学观点十分接近。德里达在 1967 年发表了三部极具影响力的作品：《声音与现象》《书写与差异》，以及最重要的《论文字学》(*Of Grammatology*)。这些作品后来成为解构主义的奠基之作。

巴特和德里达，以及其他与后结构主义有关的理论家，参加了 1966 年在约翰·霍普金斯大学举办的关于"批评语言与人类科学"的大型研讨会（见 Macksey and Donato 1972）。这次研讨会的召开后来被认为是新的后结构主义的论调在结构主义运动内部开始发声的时刻。德里达的发言《人文科学话语中的结构、符号和游戏》，是整个后结构主义，尤其是解构主义的早期的关键论述（Derrida 1981:278-93；也见 Macksey and Donato 1972:247-72）。在这篇论文中，德里达考察了结构的思想本身。德里达提醒我们，结构的思想，不仅对结构主义而言非常重要，也对自哲学传统发端起的所有思想体系发挥了关键作用。德里达认为，所有结构的思想，都离不开一种"中心"的概念，一种本源、根本，从那里，意义才能流出。以文学作品为例，传统上作者被视为中心、所有意义的来源、作品产生的根源。如果我们将文学作品看作一种结构、一个语言系统，那么不可避免地，也是很自然地，作者就被假定为那个结构的中心（起点、源头）。正如在宗教话语中宇宙是系统或结构，而上帝是宇宙的作者（中心）那样，文学作品的作者传统上被认为是作为结构的作品的中心。的确，像德里达所指出的那样，要找到没有中心（顺序点，方位）的结构（一种关于稳定和秩序的观念）是很困难的（Derrida 1981:278-9）。结构如何才能被分解？它们必须有一个顺序点，一个能将结构中的所有部分联系起来的中心。

解构主义

从德里达早期的著述开始,解构主义深刻影响了人文学科的各个领域。从破坏传统的(二元)对立关系之间的联系——男人/女人,言语/书写,哲学/文学,真理/虚构,外部/内部,形式/内容等——德里达的著作开始了对索绪尔式的符号的新的分析。索绪尔认为符号由能指(声音或记号)和所指(概念)组成。但是能指和所指的关系是任意的:它只是当前的惯例(语言系统当前的运行方式)将能指和所指联系起来。索绪尔已经提出"语言中只有没有确切定义的差异",即能指和所指之间的关系是纯粹的结构式的和关系式的,所指不是一个确切的术语,有一种必然的、最终的意义而是处于与能指的惯常关系中。符号的意义不是由能指和所指间的关系所决定的,而是由符号在更大的符号系统中(语言)的位置决定的。德里达从这一点出发并竭力证明它对于西方传统的意义的观念意味着什么。对于德里达来说,索绪尔对符号的定义意味着意义永远无法被包含在符号之中。如果说意义是关系性的,每个符号因与其他符号的相似和差异而获得意义,那么意义本身必须是关系性的。当我们考察一个像"文化"这样的符号的意义时,就会发现它的所指变成了一个有着一系列进一步的能指的所指:非自然的、人造的、历史的、高雅的、社会特权的、超结构的(马克思主义术语)、语言的、教育的——这些只是我们试图确立"文化"的意义时所能想到的一部分所指。每一个新的所指将"文化"变成一个能指,但是每一个只有与其他的所指联系起来才获得意义,它们中的每一个相应地必须变成有着新的所指的能指。德里达提出,意义是无法被确定的。意义,尽管索绪尔的不完全的诠释,完全是关系性的。要阻止意义的游戏(所指无休止地成为能指的关系性运动)我们需要找到德里达所称之为的一个超验所指(一个不依赖于其他符号获得意义的符号)。德里达的解构主义哲学的激进之处在于它认为这样的符号不可以或者根本不存在(因此意义的游戏没有尽头)。这种哲学打破(或者摧毁)所有那些声称能够直接获得最终的、稳定的意义和真理的话语(哲学、逻辑学、宗教、法律、人文的、科学的)。

中心存在的必然性来自一个传统观念,即我们依据德里达而称之为的意义的游戏必须有一个尽头、一个终点。中心是那个使意义的游戏得以进行并最终为它画上句点的起点或源头。因此,中心并不参与意义的游戏本身,因而也并不直接参与游戏所产生的结构之中。正如文学作品的作者那样,中心确立了意义的游戏(结构)但并不参与游戏本身。当我们解读文学作品时,传统上,会把作者当成发起人和作为结构或者意义系统的最终参考点,置于作品的背后。如德里达所说,梳理出这些传统观点的逻辑矛盾:

　　　　这种中心关闭了由它开启并使之成为可能的游戏。中心是这样一个点,在那里内容、组成部分、术语的替换不再可能……因此,人们总是认为本质上独一无二的中心,在结构中构成了主宰结构同时又逃脱了结构性。这就是为什么对关于结构的古典思想来说,中心可以悖论地被说成是既在结构**内**又在结构**外**。中心位于整体的中心,但是,既然中心不属于整体(不是整体的一部分),那么整体就应**在别处有它的中心**。中心也就并非中心了。中心化了的结构的概念,尽管再现了连贯性本身,再现了作为哲学或科学的认识的前提,却是以矛盾的方式自圆其说的。

(1981:279)

如果我们把结构理解成一种关系性意义网络,比如,这种关系性意义包括构成一部文学作品的所有的歧义、张力、组合等,那么很自然地我们应当为这些意义寻找一种本源和一个终点,一个中心。这个中心就充当起超验所指的角色,在促使结构本身产生的过程中,它并不参与结构(意义的游戏)但会成为它的根基。当我们寻找这样的中心,这样的超验所指时,我们发现,如德里达所说,它们总是在别处。这就意味着它们不仅总是在它们起到稳固作用的结构之外,而且它们本身在别处有自己的意义。当我们试图把作者设定为文学作品的中心时,会发现我们无法停止在超验所指上。作者是怎样被理解的? 是指作品的中心是作者的意图,或者是他或她的情感需要、欲望和焦虑? 这个中心是他或她的无意识,还是写作的历史语境? 作者,像其他显而易见的超验所指一样,只有作为其他所指——美学、心理学、社会、历史等——的能指才有了意义。德里达写道:"结构概念的整个历史……应当被当做某种中心置换的系列、某种中心确定的链条来思考。这个中心连续地以某种规范了的方式接纳不同的形式或不同的名称"(1981:279)。当我们去追问作为结构的哲学的中心是什么,就会面对着一连串的代替词:真理、知识、逻辑、自然、现实、存在、权利、神、自由、历史、语言、科学等。当我们追问上帝这个能指的所指时,同样面临着一些让人眩晕的代替词:造物主、发起者、耶和华、三位一体、安拉、神名、上帝、圣父、救世主、本源、真知、洞悉一切之眼、掌握一切之手、爱、复仇、宽恕、圣子、圣母、圣婴、永恒、律法、造物主、伟大的建筑师、正义等。

德里达认为,结构主义与其他之前的思想话语一样,以中心、超验所指为基础建立起自己的方法。对于结构主义来说,这个中心就是符号的思想。我们在上一章已经看到,索绪尔和那些法国及其他地方的发展了他的理论的人,设想出一种能够解读所有文学符号系统的符号学科学。这样的一种方法或科学,最终依赖于符号的观念,以及符号的将这种方法中心化(秩序化和以科学的方式稳定化)的能力。但是,德里达的解构主义方法证明,符号无法以这种方式发挥作用。德里达呈现给我们的,不是那些可以被符号学家或结构主义学家进行明确分析的稳定结构(符号系统),而是语言中永无止境的意义的游戏。在德里达的著作和后结构主义那里,这种意义的游戏被赋予不同的名称:书写、差异、文本性。但是,所有属于这些术语的重要含义,都被德里达清晰地表达了出来:“超验所指的缺席无限拓展了意指的疆域和作用”(1981:280)。符号的意义(意指)不可能被捕捉、中断、完成,因为中心不存在,每个所指在一个没有终点的过程中,变成了能指。

空洞符号帝国

通过分析巴特 1970 年代研究日本的作品——《符号帝国》,我们可以看到,解构主义方法极大地影响了他的写作方式。巴特在这个作品中的目的,不是去完成对日本文化的符号的符号学研究,像他在《流行体系》中那样,严密分析对一级系统和二级系统(外延的和内涵的)的意义。巴特的目的是去论证一个处于西方世界的系统之外的文化怎样打乱、推翻了我们对于符号的运行和意义的先入之见。

巴特发现了日本文化摆脱了西方对于意义的迷恋:这种迷恋可以被降格为探求物体中的意义、能指中的所指。巴特不懂日语,所以他所听到的日语是一种单纯的声响,不具有意义。日本食物以一种不分等级(不分头菜、主菜、甜点等)的方式上桌,所以用餐者完全可以自由组合所点食物。巴特对于日本人对包装的热爱极为着迷,因为它似乎确认了一种喜爱并不通向最终所指的空洞符号或能指的文化。日本礼品(即使是最无关紧要的礼品)被包装得如此精细"似乎……礼品盒子成了礼品本身,而不是里面所装的内容"(ESi:46)。巴特花了相当长的时间讨论日本的俳句的诗歌传统。J. A. 卡顿是这样定义俳句的:"以三句十七音节为一首,首句五音、次句七音、末句五音的日本诗歌。这种诗歌表达一个简单的想法、意象或感觉;事实上,是一种微型的文字速写"(Cuddon 1991:399)。俳句,作为一种时间和感想的快照,似乎完美地象征着巴特在《符号帝国》中的方法。

巴特在作品中对日本文化多方面看上去毫无关联的描述和感想,并不是用来形成最终的定论和概括性的意义,这样的目的与巴特在这里的意图是完全相反的,因为他说,他不想去抓住日本文化的现实(无论现实是什么样的),而是作为一个想要脱离西方对意义的渴望的参观者作出反应。日本为逃离意义,从而在空洞的语言、符号中愉快漂浮,提供了无限的机遇。俳句诗歌只是表面,没有隐含的或最终的所指(按照德里达的思想,没有中心),因此是一种纯粹的写作。这正是巴特在《符号帝国》的写作中想要达到的状态和效果。

可以说,德里达对于西方对超验所指和中心性结构的概念 72
依赖的解构,除了对所有人文学科分支产生了彻底的革新性意
义之外,至少证实了巴特在他早期作品中的一个倾向性。正如
我们所观察到的,在《写作的零度》《神话学》以及《流行体系》
中,巴特抨击了资产阶级社会把一切事物都裹上意义的外衣的
倾向。从他学术生涯的早期,巴特就已经开始批判人造物品、成
批被生产的图像、权力及社会操纵的过程被凝固成明显的自然
的符号。《符号帝国》解构性地虚构了一个从西方式的清晰的、
稳定的、单一的意义的焦虑和迷恋中解脱出来的空间(此处称
为日本)。这个文本是西方式符号(永远是饱满的、与一个确切
的所指连接起来)的解毒剂。因此,巴特将东京,这个世界上人
口最稠密的城市之一,描述为一个与在其城市的一头有其中心
的西方城市不同的一个场所。巴特把天皇的居所解读为一个无
中心的、空洞的中心的场所:

> 整个城市把一个既是禁城又是无人关心的场所围在中
> 间,这个住所被树叶掩藏着,由护城河保护着,人们无法见
> 到的一位天皇住在这里面,也就是说,一个谁也不认识的人
> 住在这里面。每天,出租汽车都避开这个圆形领地,在高速
> 的、充满活力的、子弹一般的车道上奔驰,这个圆形领地的
> 低处是不可见之物的可见的外形,它隐藏着那个神圣的
> "空无"。

(ESi: 30-2)

同样地,东京街道没有名称,居民和参观者靠视觉或手写的指南
和视觉记忆来辨别方向。巴特评论道:"第一次参观一个地方

就意味着开始书写它;地址没有被书写出来,它必须建立起自己的书写"(ESi:36)。

书写日本、被意义的缺席所激发为书写行为的思想至关重要,这种思想构成了这部作品在巴特后结构主义阶段著作的重要性的核心原因。巴特并不想制造出一种对日本的文化学分析。巴特在这部作品的一开始就确定,文化学分析只会重复任何西方人都无法幸免的关于东方的神话。巴特将日本解读为一个文本,而不是一种对东方的西方式诊断。更重要的是,他将日本解读为一个最终不可读的,超越于传统解读试图达到的恢复稳定、有限意义之外的文本。巴特在 1970 年的访谈中说:"当我在日本解读事物的时候,没有至高无上的所指固定住符号的链条,没有根本性的基础",这样,他补充说:"使得符号极其微妙、自由地绽放"(GV:99)。日本,作为一个其中的符号没有固定在至高无上的所指(一个中心或超验所指)的文本,促使巴特进入某种形式的书写,读者面对没有附着在最终的所指上的能指时,必须变成一个作者,重新创造文本,在文本上运用他或她自己的临时的结构、模式及意义。正是这种解读变成书写的过程,鲜明地显示出了巴特对于文本、作者和读者的后结构主义理论。

作者之死

巴特 1968 年的《作者之死》可能是他写过的最被广泛阅读的文章。它被无数的大学课程所研究,被无数的学术文章所引用,造成了对巴特本身的文化神话。引用最近一家出版社的推介语:"罗兰·巴特是符号学和文化理论的知名专家;他因为在 1968 年宣称'作者之死'而声名鹊起。"我们已经知道,与巴特的对后结构主义理论的一次简短阐发相比,1968 年,有其他更紧迫的事情正在发生。这样的对巴特的推介是神秘化过程的一部分,无心的参与造成了巴特的声名狼藉。但是,巴特的"作者之死"是巴特后结构主义发展中的对批评、书写、文本和组成它的符号的关系的一种有用的、压缩了的表达。

巴特指出,作者在资本主义社会一直作为文学作品的能指的固定物而运行。作者被置于作品的中心:所有作品意义的源头,作者同样也是所有解读应当指向的形象。巴特写道:"对作品的**解释**仍然从制造作品的人格上去寻找,就好像透过一种或多或少透明的虚构的寓言化,这种人格最终和传达他的秘密的**作者**是同一个声音,同一个人"(RL:50)。这种对于作者的观念,使我们置身于传统的意义系统之中,而这正是德里达的解构主义批判的对象。传统上,作者是一个超验所指,像上帝站在物质世界的背后一样站在作品的背后。从这个意义上来说,作者作为一个神圣的人物,赋予作品稳定性和秩序。事实上,巴特的这篇文章,揭示出了西方男性主导社会中上帝、父亲、作者的象征性关系。他说:"作者应当去喂养他的书,即,他先于它而存在,为它而思想、受苦、生活,他和他作品的关系就像一个父亲对他的孩子的占先的关系一样"(RL:52)。这种对作者的父亲化的神秘化极其有利于资产阶级及商业化了的批评观念,因为它产生了一种作品能够被解码、被成功地阐释、被完全理解,进而被驯服的模式。作者这个形象,因此被用来减少意义的游戏,毋宁说是,终止意义的游戏。同年,在一篇主题相同的文章《什么是作者?》中,米歇尔· 福柯提出"作者是……一种意识形态形象,通过它可以标记出我们对意义的扩散的恐惧"(Foucault 1979:159)。巴特对作者的批评同样也指向了这种形象是怎样遏制、限制、最终驯服意义的(RL:53)。

巴特的文章可以说是过渡性的,从中可以发现从结构主义到后结构主义的转化。需要注意的是,并不是"作者之死"的观点构成这篇文章的后结构主义特点。结构主义关注的是系统,而不是传统的以作品—作者作为意义场所的观念。后结构主义已经摒弃了作者。这篇文章之所以是后结构主义式的,是因为出现了文本和互文性理论,尤其是与激进的理论刊物《如是》相联系的观点。

巴特的"作者之死"表达了与《如是》杂志的核心观念相似的观点:他认为用作者来使意义稳定化就等于加入了现代西方社会试图将自己表达为受制于单一的、统一的和不可辩驳的意义或真理。到了 1968 年,对文学作品和其他种类的作品中的多元性和意义的无限游戏的热情推崇,与《如是》理论的一系列重要术语以及整个后结构主义理论取得了一致。巴特自己发展的其中最重要的概念是"书写"、"文本",还有很多关于语言学和心理学主体的概念和术语。在像《作者之死》这样的文章中,书写,已经变成意为不存在于或不依附于终极所指的语言。在这个意义上,我们可以说,日本本身,以及巴特面对和部分地构建起来的关于日本的奇异的文本,属于书写的范畴。一种新的意义——文学在批评方面和从主流文化意识形态中脱离出来的潜力——开始浮现,并从文章的很多地方表现出来。巴特说:

> 文学(从现在起,最好说"书写"),通过拒绝给文本(世界作为文本)分配一个"秘密",即,一个最终意义,使得一种我们可以称之为反神学的、适当的革命的活动获得自由,因为拒绝停住意义最终也就是拒绝上帝和他的本质、理性、科学、法律。

(RL:54)

《如是》

《如是》是在 1960 年至 1983 年所发行的一本极有影响力的理论刊物的名字。1983 年之后,更名为《无限》。期刊的名字来源于著名法国作家保罗·瓦莱里(1871—1945)的著作。最初的宗旨是"如实地看待文学"。1966 年到 1975 年这一时期,这本刊物已经成为推动结构主义理论向外延伸、过渡到后结构主义时期的最重要的平台。尽管有其编委会,但在主要时期是由菲利普·索勒斯推动。《如是》发表了德里达、克里斯蒂娃、福柯、路易·阿尔都塞(1918—1990)及巴特等人的许多突破性的文章,普及了乔治·巴塔耶(1897—1962)等著名作家的作品。由于始终致力于推广最激进形式的写作和理论,《如是》到了 1968 年已经将重心放在了语言,尤其是文学语言的多样性方面。与那一时期的对激进的、左派政治的支持相一致,《如是》的理论,由克里斯蒂娃、巴特、德里达等表达出来,这些激进的(多样的)关于语言和书写的观点,与消费性和稳定的意义等现代资本主义的价值观针锋相对。

将作者置于文学作品的中心的做法,与资本主义社会一道,压制了差异(意义在语言中的扩散)。致力于解放书写(语言的极端多样性)也就是参与到一种巴特所定义的既在语言学意义上也在政治上的激进行动。《如是》理论将清晰的、稳定的意义与消费主义联系起来:巴特和克里斯蒂娃认为,社会想要我们相信,在所有文本中都有一个可以被消费的(明确的、可破解的、可解读的、有限的)意义。文学,在这个意义上说,被主流社会

76

视为消费主义的一个分支:读者被鼓动去买书、读书、找到意义,将书耗尽后,再去买下一本。文学书、巧克力块、洗衣粉和衣服之间的联系显而易见。《如是》理论力图抵制大量生产和消费产品的文化把文学纳入其中。文学,当从对作者的虚构基础中被解放出来时,破坏了消费主义的观念:

> 实际上,在多重书写中,一切事物都将**被解放**,但是没有什么能**被破解**,结构在它的所有重奏和阶段中可以被找到,被条分缕析(像丝袜的抽线一样),但是它没有尽头、没有底端;书写的空间将被越过,而不是刺穿;书写不断地假定意义,但是总是为了去消除意义;书写力求达到系统化地赦免意义。

> (RL:53-4)

这样的从作者的限制中解放出来的书写,存在于哪里呢? 巴特的答案是存在于**文本**的概念中,这种概念与那种更传统的认为作者在作品背后的观念完全不同。巴特在其著名的一段话中声称:

> 我们现在知道,一个文本不是由一行文字组成而释放出单一的"神学式的"意义(作者—上帝的启示),而是一种多层次的空间,在这个空间中存在着既密切结合又互相竞争的多种意义,其中的任何一种意义都不是独创的:文本是一种由引语组成的编织物,从一千种文化源泉之中产生。

> (RL:52-3)

巴特的关于作者之死的论述,展现了一种此处被称之为"文本"的发展中的理论。

> ## 小　结
>
> 　　巴特的后结构主义时期以脱离科学的、客观的研究方法为特征。巴特在《流行体系》和《叙事作品的结构分析导论》所实践的符号学和结构主义,现在被认为是建立在可疑的符号的观念之上。本章一开始我们分析了巴特怎样开始提出对符号本身的激烈的批判。这种做法受到雅克·德里达等理论家的影响。正是通过这样的影响,巴特的作品开始探讨能指的巨大能量,而不是符号(和它的对能指的稳定的所指的假定)。在《符号帝国》中,并不指向最终所指的能指,向我们展示了一种由空洞的符号所构成的空间(城市、文化);它也促成了对关于作者的传统观念的大范围批判,以及全新的对读者、文本和意义之间的关系的理解。

文本性

本章我们继续讨论巴特的后结构主义著作,重点分析文本和互文性理论。巴特的《S/Z》,首次出版于 1970 年,不仅是这一时期的重要学术成果,也是他整个学术生涯的极其重要的作品。在《S/Z》中,巴特完整阐述了他的文本理论,因此,从这部重要作品开始,我们才充分看到巴特从叙事作品的结构分析转向了对于叙事,尤其是整体意义上的文学语言的后结构主义分析。

文本理论

我们在巴特和德里达的作品中所发现的对符号的攻击,并不针对所指的不稳定性(它的变成另一个能指的倾向)。克里斯蒂娃在 1960 年代末,对俄国语言学家米哈伊尔·巴赫金

(1895-1975)的介绍,构成了我们所说的文本理论的主要来源。自从巴赫金被克里斯蒂娃介绍给欧洲读者以来,他的作品深刻影响了语言学、文学理论与批评,哲学、社会学和很多其他学科。他的最重要的、在克里斯蒂娃的作品中被最为彻底讨论的见解,是语言的**对话性**问题。

80

对话性(Dialogism)

巴赫金在《马克思主义与语言哲学》等作品中,反对索绪尔将重心放在语言作为一个系统(la langue)的做法。根据巴赫金的观点,语言总是也仅仅在社会情境和实际的说话者中存在,因此索绪尔不关注实际言语(parole)的做法,是犯了一个根本上的错误。巴赫金认为,索绪尔的"抽象的"、表面"客观的"方法必须通过在语言被运用的无数社会语境中发现的实际言语来纠正。巴赫金认为,当我们以这种方式来看待语言,就会发现许多重要的现象。语言总是**可评估的**,总是存在于社会意识形态之中。没有无辜的、中性的,或者客观的语言。通过想象"朋友"(friend)这一简单的、在不同社会情境中(酒吧、教室、工作面试、宗教仪式、电视访谈、小说、哲学专著)被使用的单词就能理解这一点。这个单词,和其他的单词一样,在不同的情境中有着不同的意义。词典是这个单词唯一能够保持中性的、不受意识形态影响的地方。但是,巴赫金认为,在词典中,语言并不是作为社会现象而存在的。语言是对话性的,它总是存在于实际说话者和具体社会情境的关系之中。语言的这个特性使我们意识到没有语言使用者可以独立地创造意义。我们使用语言的具体社会情境与不同的**言语类型**有关(Bakhtin 1986)。当我们在面试、家中、教室里、教堂、足球赛、葬礼中与某人交谈时,我们使用的是不同的语言或话语(不同的称呼方式、词语及语域)。因此,我们作为说话者的对话不仅存在于与我们说话的人之间,也存在于不同的社会情境中那些已经存在的谈话的符码和方式。单词从来都不仅仅是我们自己的,而是对话性的,在它们之中已经蕴含着在我们之前的被说出的信息。因此,在所有词语中都有一种"他者性":已经被说出的事物的"他者性"。巴赫金用"双声话语"来说明词语(口头的或书面的)之中不只有一种意义、一种"声音"(见 Bakhtin 1984)。对巴赫金来说,这一事实,并不令人遗憾,而是证明了所有语言的社会性(对话性);这种语言的特性(巴赫金有时称之为多声或"复调"性)经常因主流社会为了支持一种声音、一种意义、一个真理(单声部)而被压制。在巴赫金的作品中,与主流意识形态和政权的独白性倾向相对,语言和社会中的对话性力量得到推广和发扬(关于巴赫金理论的进一步讨论和克里斯蒂娃对他的理论的改造,见 Allen 2000:8-60)。

81

　　克里斯蒂娃从她的极富影响力的对巴赫金作品的解读中(见 Kristeva 1980:36-63 和 64-91),发现了构成一种文学(克里斯蒂娃用了"诗学"这一术语)语言模式的基础,这种语言总是双重性的,总是处于多义性(多种意义)之中。克里斯蒂娃因接受了巴赫金对语言的对话性阐释并将其理论发展成为关于文学语言的新的**互文性**的理论而成名。从第 5 章结尾的引文我们可以看到这种思想对巴特的直接影响。互文性是巴特发展其文本理论过程中的关键概念。正是这一最主要的观念,使巴特得以在传统的以作者为中心的范围之外开始描述文学文本。作者毕竟只是互文性意义和关系中的编纂者：

> 作者只能模仿先前的，永远不可能是一种独创的姿态；他仅有的力量在于将事物混合起来，用这些与另外的那些相对抗，因此可以做到不只依赖于一种；如果他试图**表达自己**，那么至少他知道他声称的他能传达的内部的东西只不过是一种现成的词汇表，词汇表里的词语只能通过其他的词语得到解释，这个过程永无止境……

（RL：53）

互文性理论摧毁了传统的意义起源的观念，这些观念或将意义置于符号（带有一个假定的稳定的所指）中，或在作者（假定的上帝般的意义的创造者）上。一个文学文本可以没有意义的来源，因为它的互文性特征意味着它总是由已存在的文本成分、一套引语组成。按照这种理论，作者不再是意义的发起人，因为意义已经不再有起源。

82   **互文性**

> 互文性已经变成文学研究的一个重要术语，理论家和批评家给予它不同的定义（见 Allen 2000；关于巴特和互文性，见 61-94）。克里斯蒂娃的理论认为，互文性一词是指文学语言的对话性。文学文本不再被视为独特的、自主的实体，而是一系列已经存在的符码、话语和以前的文本的产物。在这个意义上说，文本中的每个词都是互文性的，因此不仅必须解

读它在文本本身内部被设定的意义,也必须解读它的延伸于文本之外的一系列文化话语中的意义关系。所以,互文性质疑我们有关文本**内部**和**外部**的常识性观念,认为意义不可能被包含、限制在文本之内。在读者中有一种解读克里斯蒂娃的错误倾向。这种倾向将互文性与更为传统的、以作者为基础的概念,尤其是"影响"的概念相混淆。但是,互文性,并不是作者有意对另一个文本的指涉。互文性是在文学语言乃至所有语言中意指的、意义的状态本身。

这里应当注意,作者的死亡并不是从后结构主义才开始的现象。第4章对叙事作品的结构分析的分析表明,作者作为意义的发起者在结构主义那里并不具有一席之地。结构主义理论中,文本的意义不是来自于作者,而是来自于产生文本的系统。后结构主义的文本理论没有杀死作者,结构主义已经完成这一任务。由巴特所阐述的文本理论,与其说宣告了作者之死,不如说宣告了结构主义所设想的那种读者的死亡。结构主义理论认为读者可以以客观的、彻底的方式运作,以一种科学的(语言学)模式来处理语言以及文学文本,而正是后结构主义文本理论挑战并最终摧毁了这种思想。

在这一话题上,巴特在他的文章中提出了他的著名论断:"读者的诞生必须以作者的死亡为代价"(RL:55)。巴特在他的相关文章,包括《从作品到文本》(RL:56-64)和《文本的理论》中解释说,文本的读者所面对的并不是一个稳定的、自足的客体,而是一个"方法学场地"(RL:57)。与传统的以作品的作者为基础的**文本**观念不同,巴特声称一部作品可以被捧在手中

83

或在图书馆和书店的书架上见到,而文本仅仅在新的作者产生之际存在:"文本只有在一种活动、一种生产之中才能被体验"(RL:58)。巴特提醒我们,文本是一个古老的单词,包含着编织的观念:正是从这个单词中生成了"纺织品"这个词。文本是一个编织物,是因为它由"引语、指涉、回声"所构成(RL:60)。但是这种互文性的编织极可能是无限的:面对文本时,我们所要应对的不是源头和开端,而是**已经被写的和已经被说出的**:"组成文本的引语是匿名的、不可恢复的、但是**已经被阅读的**:他们是不加引号的引语"(RL:60)。将一首现代爱情诗解读为一部作品意味着不可避免地在作品的明显的符号中寻找作者的意思和感受。作者本人的感情生活会被当做这首诗的能指的所指。但是,如果将这首诗解读为一个文本,我们将会置身于大量不同的构成现代及传统的关于爱情和爱情诗的观念的符码、惯例、类型和话语之中。这个文本的能指来自于且将我们的注意力指向关于爱情的文化话语的广阔天地,这些话语很难作为所指而运行。这样的文本当然有它的意义;事实上,它具有极其庞大数量的潜在意义。但是,文本还不是一个完整的文本,还不能够完全地意指,直到读者启动(开启)它的互文性线索并提供一个有限的结构或者巴特所称之为的**结构化**。在结构主义理论中指代产生文本(言语)的系统的"结构"的概念,现在在巴特的文本理论中,变成了一种由读者提供的东西。如巴特所说,读者制造文本的结构:"文本的统一性不在于它的源头而在于它的终点"(RL:54)。

文本分析

在他的《文本的理论》中,巴特运用了一个之前克里斯蒂娃

所运用的用来概括文本中的意义的术语。如果说"意指"是指
符号被接受的概念(能指通向稳定所指),那么意义生成指的是
意义必须被读者生成。意指是指那些在能指背后寻找最终所指
的阐释方法。我们已经分析过寻找作者作为所指的做法,但是
巴特在这里提醒我们,还有其他的在文本背后或者之下寻找一
个中心、起源甚至最终所指的做法:例如,马克思主义批评,试图
找到一个社会-历史的所指作为所有文本的源头(TT:37)。巴
特写到,在这样的方法中"文本被处理成像是客观意指的储藏
库,而这个意指看起来像是被镌刻在被当做产品的作品上"。
但是,巴特补充说:

> 　　一旦文本被理解为生产过程(而不再是产品),"意指"
> 也就不再是一个能够胜任的概念。一旦文本被理解成一个
> 多种可能的意义的途径互相交叉的多义空间,就有必要抛
> 开单一的意指的合法地位,去使它多样化。
>
> 　　　　　　　　　　　　　　　　　　　　　　(TT:37)

巴特用意义生成来指涉文本是一种生产过程,读者在这种过程
中发挥了和文本本身的语言同样的作用(TT:37-8)。

　　在这一时期的许多文章中,巴特勾勒出了他所称之为的**文
本分析**以及文本分析讲求的是文本的**生产过程**,是意义生成的
分析,而不是意指。这些文章被收录在《符号学挑战》中,标志
着对叙事的结构性分析和文本分析的区别。前者试图确定文本
是怎样被构建的;后者力图追寻文本的"意义场所",去发现意
义"爆裂和散开"的方式(SC:262)。巴特关于文本分析最精彩
的例子,以及关于文本理论最详尽的解释,体现在他的《S/Z》

中。巴特分析了巴尔扎克的一部题为《萨拉辛》的短篇小说。

1970年当巴特出版他的《S/Z》时,《萨拉辛》在巴尔扎克的著作中相对地还未被充分讨论。一定程度上属于巴尔扎克的巴黎生活故事,《萨拉辛》是一个二十页长,集哥特式阴谋、关于无知的喜剧以及对于爱情的幻想的心理描写于一体的令人不安的故事。时髦的郎蒂家族有一个秘密:他们的相当可观的财富从何而来? 一位年轻的参加聚会的女士被另一位在郎蒂家参加聚会的客人——故事的叙述者所吸引。女士向叙述者询问一位神秘的老人,这个老人似乎与家中的漂亮的年轻人们有种异乎寻常的关系。一幅"从一个女性雕像"临摹的精美的阿多尼斯的画像(S/Z:232)使故事更加疑云重重,因为这幅画、原本的雕像和这位老人——年轻女士好奇的对象——之间似乎存在着某种联系。一项协议在年轻女士和叙述者之间达成:如果年轻女士积极回应他对她的求爱,叙述者将向她揭开谜底。

故事讲的是一个叫做萨拉辛的雕塑家年轻时去了罗马。看歌剧时他爱上了一个美丽的歌手赞比内拉。每晚去看歌剧,萨拉辛最终见到了他的所爱,他曾经以赞比内拉为模型创作极其理想化的雕塑。赞比内拉对萨拉辛时而热情,时而冷漠,在活泼和极端忧郁间摇摆。萨拉辛面对暧昧不清的信号,情急之下决定绑架他的所有情感和审美欲望的对象。他制订了一个计划,打算在赞比内拉于法国大使的府邸举办的私人聚会的演出结束后将她诱拐。赞比内拉的主要的仰慕者和赞助人,红衣主教奇科尼亚拉也出席了聚会。萨拉辛在赞比内拉演出到一半时进场。他的所爱"穿得像个男人,戴着发网,古怪的头发,还有一把剑"(S/Z:250)。在这之前,赞比内拉已经问过萨拉辛如果他发现她不是女人会怎么做。但是萨拉辛那强烈的热情使得他无法接受这样的可笑观点。萨拉辛,即使在进入大使的府邸之后,也对于自己的判断十分自信:他毕竟是个艺术家,艺术家了解什么是美。但是,萨拉辛不可能永远回避现实:赞比内拉,像所有的在罗马的舞台上的"女性"角色一样,是个被阉的男歌手,因为法律不允许女歌手登台。在罗马的每个人都知道,这是一件司空见惯的事。萨拉辛愤怒之下仍然继续了他对赞比内拉的绑架行动,虽然爱着赞比内拉但是却有能力杀掉她。然而,萨拉辛最终却被红衣主教奇科尼亚拉雇来的刺客们所杀。

在郎蒂家聚会上出现的是老年的赞比内拉。他作为意大利歌剧明星所得到的财富,是郎蒂家族财富的来源。老人在年轻的时候,是阿多尼斯画像所临摹的雕像的模特。在这个由年轻女士要求叙述者而揭开的谜团的中心,展现了一种空洞、一种虚无、一个关于阉割的故事。阉割现象以一种不在场、一种空洞的形式取代了父权制完整性的符号(菲勒斯),吓坏了年轻女士,她和叙述者的隐含的约定也被打破。她在惊恐之中,认为世界没有意义,留下未得到满足的、忧伤的叙述者。

巴特用了二百多页对这篇有趣的故事进行文本分析。它包括了一种极为仔细的、抽丝剥茧式的对故事的结构化,并缀以对叙事、现实主义、文学、文本性、语言等其他巴特式的主题的引人入胜的理论思考。巴特的结构化以一种将文本切分为小的意义单位或语汇的方法为基础。巴特写到,语汇是一种任意的而非必然的解读单位。其他读者必定会发现另外的语汇。语汇仅仅是那些读者在积极生产文本时所发现的意义的爆裂与散开的单位。它们是在能指中发现的一组含蓄意指的阅读单位(S/Z:13-4)。巴特形象地称之为"星状文本",语汇像星星一样把叙事打散。因此,赞比内拉的名字是一个语汇;事实上,这个语汇非常重要,因为在文本中女性化的赞比内拉(有"La")和男性化的赞比内拉(没有"La")的交替在加强戏剧效果的掩饰和无知方面发挥了至关重要的作用。同样的,萨拉辛的名字,用了一个阴性词的结尾(e),是另一个语汇。最终,正像巴特的作品的名字所显示的那样,在 S 和 Z 之间奇怪的镜像式关系变得具有极强的象征意义。

语汇导致了不同的编码的出现。巴特运用五种编码去捕捉意义是怎样在文本中被生产和散播的。其中的两种编码与叙事生产自身的方式有关,也就是说,它们与叙事的时间逻辑有关。**解释性编码**(hermeneutic code,HER),是所有那些:

> 其功能是以不同的方式将问题、问题的答案以及各种各样偶然事件相连接的所有单元,这些偶然事件既可以构成问题,也能延迟其答案;既构成一个谜,也可以导致谜的解决。
>
> (S/Z:17)

87 例如,关于郎蒂家族的财富来源问题,是一个重要的解释性编码。**行动编码**(proairetic code,ACT)在很多方面与之前讨论过的巴特在叙事作品分析的文章中所提到的行为层相对应:这是一个关于行动及其效果的编码:"每个效果"都有"一个通用的名字,并赋予序列一种名称"(S/Z:18)。因此,正如以上的情节简介所示,文本中可以见到某些特定的序列(例如"求爱"、"诱拐"、"暗杀")。

逐一来看其余三种编码,会发现它们具有将我们带出文本的叙事序列和逻辑的意义链条。**象征编码**(symbolic code,

SYM)包括所有的象征性模式,尤其是那些在文本中可见的对立关系模式。例如,巴尔扎克的文本中含有许多性别间的象征对立关系的部分。**语义素编码**(code of semes, SEM)包括所有的形成人物或行为的品性的含蓄意指。赞比内拉的一个典型的语义素是"女性特质"。**文化编码**(Cultural code, REF)是指"文本所不断指涉的无数的知识或智慧编码"。巴特指出,尽管所有的编码在某种意义上都是文化的,但他所称之为的文化编码在这里"为话语提供科学或道德的权威性的基础",因此也可以被命名为"指涉性编码(reference codes)"(S/Z:18)。比如,在这个故事中反复出现的一套文化编码,涉及的是关于爱情和激情的被普遍接受的文学和道德编码。

　　和巴特所找出并讨论的 561 个语汇一样,这五种编码不仅仅是被动地存在于文本中。它们是巴特用来有效的结构化文本的方便的工具,巴特设计了这些工具来表现文本的差异,这种差异并不是指它的独特性(巴特很严密地表明了,文本是从互文性的、*已经被写出的和已经被阅读的*内容中编织而来的),而是它的多元性、意义生成的过程没有完成也不可能完成的特性。但是,这两种叙事(序列式的)编码(解释性编码和行动编码)的运行,关闭了意义的多元性,力图制造一个从开始到结束的、按时间顺序的、悬疑(谜团)最终被解开的运动过程。其余三种编码(我们可以统一称它们为非序列式编码)与叙事编码相背而行,制造出打断叙事流和发展的意义,将读者乃至文本带到故事以外的互文性地带。因此,前两种编码试图将文本变得不可逆转(以线性的、句法层面为主的叙事)。后三种非序列式编码制造了文本的逆转性,使得我们打破叙事或序列的句法顺序,体验文本的爆裂与散开进入到互文性场所、文化文本。《萨拉辛》因

88

而被巴特描述为具有有限的多元性的文本,以此来与完全可逆的、多元的现代及先锋文本相比较。

可写性文本与可读性文本

巴特对不可逆和可逆文本因素的区分使得他可以建立起关于可写性文本和可读性文本的理论。对巴特作品的评论中经常有一种直接将这种对立放在历史分期中的倾向:古典、前现代作品是可读的,因此是不可逆的;现代、先锋作品是可写的,因而是完全可逆的。但是,在他的文章《从作品到文本》中,巴特明确指出"很老的作品中也可以有'文本',当代文学作品也并不都是文本"(RL:57)。事实上,这种对立,更多地与巴特对文学的商品化以及由社会所认可的什么是可消费的和什么是被表达的之间的联系的抨击有关。巴特说:"为什么可写性文本是我们的价值所在? 因为文学作品(或文学作为作品)的目标是使读者不再是消费者,而是文本的生产者"(RL:4)。一个所有特征都是不可逆的单纯的可读性文本,无法给读者以生产的工作:"无法领略能指的魔力和写作的快乐,他只有要么接受要么拒绝文本的自由"(RL:4)。

我们已经知道,巴尔扎克的《萨拉辛》是一个部分可逆的文本:它具有一定的文本或文本性。巴特在《S/Z》中用了很大篇幅来说明一个典型的古典文本可以被读者所书写。我之前所称之为的序列式和非序列式编码之间的矛盾恰如其分地说明了读者的书写的可能性和局限性。实际上,巴特的精彩解读,不期然地证明了巴尔扎克的文本在这一问题上建立起了一种元文本的评论方式。毕竟,萨拉辛的死是由他对周围的能指的过于被动

89

地接受所造成的。不了解意大利歌剧表演的文化内涵,使他成了关于艺术、美、女性特质等文化陈规的奴隶。萨拉辛是巴特所认为的错误逻辑或套语化思考的受害者:套语是一种常识、公共意见、陈词滥调、主流意识形态,是认为在能指背后有着稳定和单一的所指的观念。神话,按照巴特的解读,包含套语化思考,以为它们将所指显示为不可避免的、自然的、无法挑战的。在赞比内拉受到一条蛇的惊吓的场景中,萨拉辛杀死了这条蛇,并将赞比内拉的惊吓视作女性气质的确凿证据。套语化逻辑使我们相信,在惊慌失措的符号背后是稳定的所指:女性气质。萨拉辛获得了许多这样的错误证据。巴特使用古代修辞术语省略三段论来描述它们。一个省略三段论是省略了一部分或一个步骤的三段论(逻辑论证:所有人终有一死;苏格拉底是人。因此苏格拉底终有一死)。因此,巴特写到,萨拉辛由于过快地掌握了明显的(文化上的常见现象)所指而不断使自己陷入错误证据的罗网之中。(S/Z:167)。巴特认为,萨拉辛就像一个阅读一部现实主义小说的读者一样,把产生现实主义幻觉的表面编码当成了现实本身。《S/Z》,和所有巴特的其他作品一样,构成了巴特终生对现实主义批判的又一篇章。他说:

> 现实主义艺术家从不把"现实"置于其话语的起源处,不管回溯到多么远,起源处只是且总是一种被写过的真实,一种用于未来的编码,通过它,我们看清的、极目所见的,只是一连串摹本而已。

> (S/Z:167)

萨拉辛这个虚构人物认为他生活在一个现实主义的世界之中,

也就是说,他认为他周围的世界在现实主义的基础上是可读的
(能指具有明显的、确定的所指)。他忽视了这样一个事实,他
所存在的世界,还有他自己的品格,都是文化书写的、已然存在
的编码的一部分。他就像一个去日本——空洞符号帝国的参观
者,认为所有的能指都有稳定和明确的所指,用这种方法来解读
他遇到的每一个符号,在其中填充进自己天真的符号学偏见。

90   因此,巴尔扎克的文本部分可读、部分可写。它使巴特能够
沉浸于一种有限度的重写。这种完全的复数文本、完全可逆转
的,因而就读者而言需要完全的生产性、完全的书写能力的观
点,看上去是巴特在他的第一本书中所倡导的零度写作,或者他
在罗伯-格里耶的小说中暂时发现的客观写作的后结构主义版
本。这样的纯粹的可写性文本逃脱了套语化逻辑,因为它不提
供从能指的领域脱离出来而通向最终所指的封闭区域的任何可
能性。对于这样的文本巴特给出了如下的描述:

> 众多的网络互相作用,但是其中的任何一个都无法超
> 越其他的;这个文本是能指的星河,而不是由所指组成的结
> 构;它没有开始;它是可逆的;我们可以从很多个入口进入
> 它,其中任何一个入口都不能权威地宣称自己是主要的入
> 口;**眼睛能看多远**,它所召集的编码就能伸展到多远,无穷
> 无尽。

(SW:5-6)

黑体的短语,暗指的是巴特在《如是》群体中的共事者,菲利
普·索勒斯的作品(见 Sollers 1986:1)。索勒斯的小说《戏剧》
是巴特在他的一篇重要的文章中所讨论的对象,被认为是可写

性文本的典范(SW:39-67 和 Sollers 1986:85-104)。索勒斯的文本的很多方面使得它成为一个典型的可写性文本:它没有故事情节,因此完全从叙事(不可逆的)编码中解放出来。通过认识到世界上的所有事物已经被所指化,已经是互文性的一部分,它逃开了现实主义的虚幻。在《戏剧》中所表现的世界,并不是被解读的事物,而是一种书写(或互文性)的领域,在此领域之内,事物(总是已经被所指)与语言位于同一水平面上(SW:59)。在《戏剧》的世界的背后,并不存在一种被推断出来的现实(正如小说的现实主义模式),而仅仅是另外一些词语,另外层次上的写作。

最重要且看上去最明确地使索勒斯的文本成为复数的、完全可逆的文本的特点,在于这个文本对传统的语言语法标记的处理方法。要理解索勒斯的特点,我们可以回到巴特在他的对巴尔扎克的解读上以及巴特发现了在叙事言语("我"的叙事)与故事人物的显而易见的思想之间的传统关系中存在着一种紊乱。其中的一例,巴特用来作为《作者之死》的开头,并将这句话作为一个语汇:"这就是女人,有着突如其来的恐慌,莫名其妙的任性,出乎本能的心绪不宁,一时冲动的放肆,虚张声势,动人的情感"(S/Z:172)。这个句子紧接在赞比内拉受到蛇的惊吓的场景之后。巴特问了"谁在说话"这个问题。不可能是叙述者,因为他知道赞比内拉是阉人。不可能是萨拉辛,因为他不是叙述者。如果是巴尔扎克,那么他为什么沉浸在赞比内拉是个女人的虚构之中? 为什么他突然将他自己的声音替换为叙述者的声音? 巴特问道:"是谁在说话? 是萨拉辛吗? 叙述者吗? 作者吗? 巴尔扎克这个作者吗? 巴尔扎克这个人吗? 浪漫主义吗? 资产阶级吗? 普遍看法吗? 所有这些来源的交织,构成了

91

写作"（S/Z:172-3）。

在这些时刻,传统的叙事套语被打破了。传统的叙事采用一种叙事声音（叙述者的声音）,尽管作为读者我们从这个声音中推断作者的想法、信念和信息。我们有时会从人物的言语中推断作者的声音;但是,研究叙事虚构作品（事实上是所有文学作品）的传统方法中至关重要的一点,是将叙事声音、人物言语和从作者中推断出来的信息（声音）彻底分开。在巴特的例子中,在声音的等级（秩序）中产生了一种紊乱:这种令人不安的过程表明,把文本的声音与在文本背后的读者的声音分开的能力不复存在了。这样的时刻开启的可能性是:书写文本的不是一个最终的、说话的主体（作者）,而是那些构成文化文本的普遍编码、套语及互文性话语。这样的文化文本存在于这个文本之前并构成了它的基础;也存在于作者之前,将作者变为一种思考中的写作主体。

在巴特的例子中所开启的可能性在于,正是写作本身（文化文本的广阔的互文性领域）制造出了所讨论的句子。这样的可能性将作者和文本放在了同一水平面上:写作的平面。作者的声音,仅仅是另一种声音;每一种声音都构成了**已经被写的、已经被说的、已经被读的**一部分。巴特认为,索勒斯的文本认可并运用了这种对传统的关于意义和人类主体与语言的关系的尖锐挑战。这个文本质疑了既定的说话模式。在《戏剧》中,叙述者只是故事的一部分,被标记为说话主体的基本代词（我和他）,像棋盘上的黑白棋子一样,交替出现（SW:48）。换句话说,叙述索勒斯的《戏剧》中的声音,并不将我们带回到一种在文本之外、存在于文本之前的作者的声音。索勒斯的叙事声音只是文本的一部分,由此打破了从文本的意指声音中推断出作为所指的作者主体的传统阅读方法。

因此,彻底的可写性文本所做的,不仅仅是将读者包含进书写(激活、生产)文本的过程。更重要的是,它质疑了语言与人类主体的关系以及人类主体到底是指什么等根本性的概念。这样的文本告诉我们,作为主体,我们本身是文本性或写作的一部分,是广阔的编码、套语和由我们在其中思考和写作的文化性文本组成的话语的产物。在文本背后寻找作者,最终只能通向另外的写作、另外的文本性。但是,我们作为读者,也同样是广阔的互文性舞台的一部分。巴特在 1970 年代最后阶段的著作主要关注后结构主义有关语言、符号和文本性的方法对我们关于语言中的主体的普遍观念的影响。

小 结

本章我们讨论了巴特怎样发展了文本理论。在这种理论中,互文性打破了关于意义、作者、读者乃至人类主体本身的既定观念。不同于结构主义方法,巴特的文本分析是非科学的、临时的、作为不可复制的生成物而存在。把可读性文本与可写性文本相对照,巴特强调,可写性文本需要读者对文本的生产性写作。巴特通过对意义生成过程的推崇而达到对符号的批判的顶点。意义生成过程并不提供最终的、稳定的所指的意义模式,它是在进行中的,因而停留在能指的领域之内。了解了巴特在他的后结构主义著作中的理论变化过程,可以找到巴特在《S/Z》中对巴尔扎克的文本分析和他对菲利普·索勒斯的当代小说的推崇之间的联系。

中性写作：
愉悦、暴力与小说式写作

　　巴特在1970年代的写作不断抵制语言中回到所指（稳定的意义）进而削弱或者仅仅将写作（能指层次上的语言）吸收的倾向。巴特强烈意识到在语言内部潜在的暴力，在他的《文本的愉悦》（1973），《罗兰·巴特论罗兰·巴特》（1975）和《恋人絮语》（1977）等作品中发展了远不能被描述为普遍的、有方法可循的，甚至可以重复的写作文本的理论方法。

套语与反套语（反论）

　　《罗兰·巴特论罗兰·巴特》这个文本提供了巴特作为作者的思想和实践的许多精彩观点。巴特声称这本书并不是讨论很多他自己的思想，而是"对自己的思想的自我抵制的一本书"（RB:119）。这种抵制即找出他之前作品中的理论实践模式，将这些模式再度置于理论思考。最常被讨论到的模式也一直体现并贯穿于本导读中。巴特以如下方式描述这种模式：

96　　　　　所有一切都表明他的话语通过由两个术语构成的辩证
　　　　关系向前推进：流行观点和它的反面，套语与反套语，刻板
　　　　印象与更新替换，疲乏与新鲜，享受与嫌恶：**我喜欢/我不
　　　　喜欢**。

　　　　　　　　　　　　　　　　　　　　　　　　（RB:68）

套语（Doxa）是"大众观点，大多数人的、小资产阶级的心态"
（RB:47）。整部《神话学》可以被看作是对套语的批判。但是，
巴特指出，作为理论家和作家，他的主要举动似乎来源于一种想
要对抗在资产阶级文化——至1970年代逐渐被称之为大众文
化——中那些最流行、最被普遍接受的观点的愿望。套语已经
被大众文化所吸收并被给予自然面目。对他自己思想的抵制是
指巴特不断努力阻止他的写作被自然化，这种自然化是套语发
挥作用的一种表现形式。在 题为"套语/反套语"的部分，巴特
简要回顾了他至此的学术生涯，其中的每一种方法最终都被挑
战并超越，以此来抵抗被自然化的危险。他提到的最近的一个
举动是拒绝结构主义科学的梦想及用文本理论代替这种梦想。
但是，巴特提出，即使这个举动也招致自然化的危险。这种危险
在于，作为一种最终立场，文本理论本身将会"退化为喋喋不休
的闲扯"（RB:71）。

　　　在他的思想和作品中找到了这一反复出现的模式必然促使
巴特质疑套语/反套语这一对立关系并寻找一个"第三种术语"
来转化（重新定位）这一关系（RB:69）。什么是新的定位？什
么是"第三种术语"？在巴特后期的作品中有很多候选词。在

《罗兰·巴特论罗兰·巴特》中,巴特很明确地指出,在他的作品中的神奇词语是"身体"一词(RB:130)。本章我们还会讨论其他进入巴特理论词汇表的重要关键词:"愉悦"和"享乐主义"是重要的两例。但是,在《罗兰·巴特论罗兰·巴特》中,这一新的第三种术语的首要候选词是"le neutre"(中性的)。在题为"中性的"部分,巴特说中性的并不是解决套语和反套语之间矛盾的第三种术语,而是"一种新的范式的第二种术语,在这种范式中,暴力(战斗、胜利、战场、自负)是它的首要术语"(RB:132-3)。

暴力和中性之间的对立与巴特在 1970 年代对语言和权力的关系的重新分析有关。巴特在 1973 年的《语言的战争》和《语言的分化》两篇文章中(RL:106-10;111-24),区分了他所称之为的"统治性"和"非统治性"语言。统治性语言是一种权力语言,正是这种语言将自身表现为自然的、套语。而非统治性语言则是指那些在"权力之外"的话语(RL:120)。一开始或许会很难理解语言何以在权力之外。但是,通过讨论他的作品中的另一对立关系,可以更好地理解巴特的论点。

统治性语言和非统治性语言的对立关系与另一组重要的对立关系:写出(écrivance)和写作(écriture)有关。这两个术语代表着两类写作,或者更像巴特 1972 年的文章《文本的效果》中明确指出的,前者应当被翻译成与**写作**相反的东西:"写出,不是写作,而是写作的虚假形式"(RL:244)。在《作家索勒斯》中,巴特补充说:"唯一可靠的区分写出和写作的方式为:当语言像在写出中那样被用来传达观点和信息时,它可以被概括。当语言在写作中被当做自身而被运用时,它不能被概括(SW:84)。写作,对巴特来说,是语言因为它自身而被运用。我们也可以补充说,视它自身的状态为"语言"的语言。相反,写出是语言被当做传递观点的媒介。写出,我们或许可以将其解释成作者的语言,是独断的,它想要被认为是一种传递单一和稳定的意义的透明媒介。从这个方面来说,写出是一种权力语言,它代表意识形态;写出似乎与统治性语言相对应,而写作与非统治性语言对应。

这些另外的对立关系怎样帮助我们理解暴力/中性这一对立关系? 在《罗兰·巴特论罗兰·巴特》中,巴特提到了作为作家的一种普遍经历,即在回看自己的写作时感到一种"恐惧",这种恐惧产生的原因是他感到自己"制造出一种双重话语,其模式在某种程度上超出了它的目的:因为他的话语的目的不是事实,但它却是独断的"(RB:48)。在力求写作或非统治性语言的过程中,巴特却在他的写作中发现了独断性、决定性,以及统治性写作的踪迹。他继续说道:

98
> 这种尴尬对他来说很早就开始了;他试图去克服它——否则他就必须停止写作——通过提醒自己,语言是独断的,并不是他自己。
>
> (RB:48)

每个人都有过类似的经历。我注意到一个别人问我在哪出生时发生的例子。我给出的是真实的答案:伦敦。作为一个简单的、礼貌的答案被说出来,有时候也试图增加讽刺效果(我现在住在这里,尽管我出生在伦敦:人生无常),它被别人理解为一种无意间流露出来的自负,在问的人听来,像是"我来自大城市伦敦"。我作为一个说话者,经常无力去驯服和中性化"伦敦"作为一个词语所具有的独断性。语言具有成为独断的、暴力的、真

理和必然的直接传递者的倾向,即使说话者或作者想要表达与
必然性和独断性相反的东西。

这种与巴特所称之为"中性的"相对抗的暴力是语言所固
有的暴力。从他对自己的同性恋取向的写作态度,可以看出他
所说的中性的写作的意义。除了在他去世七年后合集出版的私
人日记《事件》中,巴特从未明确表明他的男同性恋作家身份。
但是,巴特的同性恋取向,以难以概括的方式,盘旋、回响于他的
许多重要文本中:如《S/Z》、《符号帝国》、《恋人絮语》、《神话
学》等,甚至包括《流行体系》。在一篇对雷诺·加缪的《把戏》
的评论文章中,尽管没有直接把自己作为一个主体,巴特将同性
恋理解为一种社会文化现象:

> 同性恋不再那么令人震惊,但一直是一种有趣的现象:
> 它仍然处于一种激动人心的阶段,能够激发可称之为话语
> 的盛举。那些不是同性恋的人谈到同性恋时,可以展示他
> 们有多么开放、自由和现代。那些是同性恋的人可以去见
> 证、承担责任、去产生影响。每个人都在以不同的方式,忙
> 着煽风点火。
>
> 但是,宣布自己的某种身份总是需要在一个报复性的
> 他者的命令之下而说话、去进入他的话语,与他争辩,从他
> 身上取得身份的一块碎片:"你是……""对,我是……"。
> 最终,特性不再重要。社会所不能容忍的是我应该**什么都
> 不是**,或者,更确切地说,我是那种应当被公开地表达为暂
> 时的、可撤销的、不重要的、无关紧要的东西,总之,是不相
> 关的。只要说出"我是",你就会被社会拯救。

(RL:291-2)

99

社会,受根除他者性和差异性符号的欲望支配,想给每件事情、每个人一个名字。在《罗兰·巴特论罗兰·巴特》中,巴特提到这种"被分级、被分配到一个(知识)场所、居于一个社会等级中"的过程(RB:49)。与这种过程相对,巴特描述了雷诺·加缪的写作,尽管他的写作没有使用这个术语,但是很明显与中性写作的概念有关:

> 雷诺·加缪的《把戏》很简单,即,它说的是同性恋,但从不谈到它;它在任何时刻都不唤起它(这就是简洁性:从不唤起、从不让名称进入到语言中——名称是争论、自大和说教的来源)。
>
> (RL:292)

巴特似乎在逐渐对抗他被给予社会名字的过程,甚至是他曾推行的那些运动的名字:结构主义,符号学,马克思主义,心理分析。在1978年一篇题为《形象》(The Image)的文章中,巴特谈到自己被社会所命名(被分配了一个形象)的个人经历,并相当离奇地将这种经历与在油里被炸的苹果相比较。与这个过程相对,巴特假定了一种与他的中性写作的概念明确相关的策略,即"打败形象",腐化"意义、词汇"。巴特声称,"我已经站到了破坏者一边"(RL:357)。

但是,我们感到在巴特的方法中存在着逻辑上的问题。在他所声称的中性写作观点的立场和破坏社会名称和形象之间存在着一种紧张关系。当然,做一个破坏者就意味着参与到一个包含着暴力的过程中。我们通常把对形象的蓄意破坏(传统的术语应当是"打破旧习")与暴力行为联系起来。但是,这种明显的紧张关系,揭示了巴特后期写作中的核心问题。这里我们应当记住,暴力并不是指挑战虚伪的、幻影的、强大的文化或者套语,而是指语言的意识形态特性。到了 1970 年代,意识形态对于巴特来说,是任何依赖于"名称"或命名的语言、一个我们可以表述为给予能指以稳定所指的过程。巴特的作品也许会被与马克思主义和左翼政治立场联系起来。但是,到了 1970 年代,巴特认为所有明显具有意识形态特点的语言都带有套语的暴力性(见 RB:104)。巴特认为,在主流意识形态(国家所施加的)和颠覆性的意识形态(对国家的抵制)之间做出区分毫无意义,因为所有的意识形态语言都是暴力的,带有套语的影响。所有的意识形态语言都是支配性的(PT:32-3)。中性写作并不存在于冲突之外,因为它与意识形态语言、套语作斗争。但是,巴特逐渐开始强调,这样的针对"主流"文化的语言的斗争,也应当将矛头对准左翼和马克思主义语言(RB:53)。

巴特的写作最终针对的是可以被描述为对战斗性语言的暴力。他说:"因此我遭受三种自大:科学的自大,套语的自大,战斗的语言的自大"(RB:47)。战斗性的左翼写作,或同性恋(现在被称之为"酷儿")写作,和依赖于资产阶级和小资产阶级文化一样,依赖于刻板印象、名称、稳定和不可挑战的所指的幻觉。巴特指出,一个人在公共生活中是否陷入丑闻和恶名,取决于相关的话语是资产阶级的或是左翼的。资产阶级话语通过"私人性生活"的曝光而被丑闻化,左翼话语通过"主体所承认的资产阶级意识形态……激情、友谊、温情、多愁善感、写作的乐趣"而被丑闻化(RB:82-3)。但是这两种话语都是暴力的,压制了某些语言、写作和行为模式,支持了那些被批准的、享有特权的模式。资产阶级和小资产阶级文化与战斗的左翼和马克思主义话

100

语都以套语化的语言为主体分类：这种语言是冻结的，限制了主体通过文本性、摆脱了成见的写作（écriture）寻求自由。

101 愉悦/享乐主义

巴特的后期作品对大众文化的正统观念的抵制越发强烈；但是，更为重要的是，他的作品是针对左翼和马克思主义正统观念的。他展现了巴特所称之为的"对僭越的僭越"。他写到，这种过程的一种方法即在理论话语中引入"**一丝情感：这会不是最终的僭越吗？僭越的僭越本身。因为最终会是'爱'在另外的地方回归**"（RB：66）。为了避开激进（左翼）话语的套语，巴特引入了被那种话语的正统观念所阻碍的写作主题和风格（爱和情感）。因此，巴特的目的在于保护写作（书写）不被固化进套语，以及压制和覆盖多元性和差异性的名称。在他的后期作品中，这样的愿望由他作为作家所采取的看上去不合潮流的立场完全表现了出来，尤其体现在他的个人化的、独立的、寻求愉悦的主体立场。巴特经常将这种中性写作设定为来自于"**身体**"（RB：90）。巴特认为，写作主体的身体，对于资产阶级和小资产阶级文化（他们的性变态和性异常观念）和受马克思主义影响的左翼话语（他们对个人的、情感的、愉悦的禁令）是最为与丑闻有关的。保守和左翼话语似乎合谋禁止写作主体沉浸于身体的愉悦性和变态性。对于资产阶级文化来说，这样的愉悦最多算得上自我放纵，最坏可以称得上是罪恶的；对于左翼文化来说，这样的愉悦似乎将作者卷入一种反动的、个性的资产阶级化表达，回到一种在政治之外的对于主体（身体）的保守信念。针对这种在政治图谱上的左右两端的正统观念，巴特挑战性地采用了后结构主义理论,并将这种理论指向了他自己的身体和自己的愉悦。

1975 年,巴特在一次采访中讨论《文本的愉悦》时,描述了促使他专注于"愉悦"的冲动:

> 这个词是以一种我所认为的策略的方式出现的。我认为今天的知识性语言太容易服从于专横的、去除一切享受和喜悦的概念。作为回应,我因此在个人范围内重新引入这个词,去掉对它的审查,疏通它,解除对它的压迫。
>
> （GV:205）

正像他在《文本的愉悦》中所声称的那样,愉悦作为一个主题,意在将文本理论冲击出潜在的固化,将它重新导向之前被它的视线排除在外的领域。在这个意义上,愉悦被巴特视为向文本理论抛出的问题。他写道:

102

> 作为一个微不足道的、不重要的名字（现在谁还能一本正经地称自己是一个享乐主义者?）,它（愉悦）使文本回到道德、真理:真理的道德性显得尴尬:它是一个倾斜物,一个浮锚,也就是说,没有了它,文本理论会回到一个中心化了的系统,一个意义的哲学体系。
>
> （PT:64-5）

为了阻止文本理论变成一个"中心化了的系统",巴特将文本理论及自己作为作家的写作风格,转移到了享乐主义的领域。

《文本的愉悦》并没有重复在《S/Z》中所阐发的理论;相反,

文本理论服从于按照克里斯蒂娃的定义的一种"易位"
（Kristeva，1984：59-60）。在《文本的愉悦》中仍然有着文本理
论的痕迹，但是，它已经被转移（易位）了，所以不能将《S/Z》解
读为"辅导文本"——单纯解释《文本的愉悦》的文本。巴特对
愉悦和享乐做了著名的区分。巴特写到两种文本，愉悦文本和
享乐文本。但是，不能把这两个名词与在《S/Z》中提出的可读
性文本和可写性文本对等起来。愉悦和享乐都和可写性文本有
关；但是，似乎愉悦通常可以在以巴尔扎克《萨拉辛》为例的部
分可逆而被发现，而享乐则可见于索勒斯为代表的现代先锋文
本中。但是，读者应当注意，巴特在他的写作中充分运用了一个
句子或段落的所指物，时而是文本（愉悦和享乐文本）、时而是
阅读文本的模式（阅读作为愉悦和享乐）的微妙转化。

享乐主义

　　布莱克本将享乐主义定义为"以个人的愉悦本身为目的
的追求"（Blackburn 1994：168）。通常这样的方式被认为是
不道德的，因为它假定个人优先于他人。但是，很多种类的
愉悦，可以在正面的社会活动中体现出来：慈善活动、友谊，
甚至教学工作。要掌握这个词通常被认为的意义，就要将享
乐主义定义为追求那些个人的、反社会的、缺乏社会效用的
愉悦。很少有哲学流派将享乐主义作为自己的价值体系，因
此，也正是围绕这个概念的哲学和伦理禁忌吸引着巴特。

103　　巴特终于在《文本的愉悦》中找到了一种拒绝解决一直出
现在他的作品中的一种紧张关系的方法：这种紧张关系体现在
必须在古典文学和先锋文本之间做出选择。既然他的文本的阅

读方法与文学文本本身的性质无异，那么他可以悬置起对于"语言的新鲜感"（先锋派打破文学陈规的愿望）的追求，同时又能积极地评价古典文学作品。巴特能够协调这样的关系，因为他的新的主题——愉悦——的定义是自相矛盾的。巴特在他的作品的开头写道："谁能够不怀羞耻地忍受矛盾？于是反英雄出现了：他是文本的读者，在这一刻他得到他的愉悦"（PT：3）。愉悦，按照巴特的享乐主义处理办法，反抗在社会话语的保守和左翼两端的确定性。它处于思想理论对社会和社会改革的战斗性介入之外，但同时它又不是保守的、学院派的批评对价值（比如美）的强调或对过去的伟大作品的被动欣赏。愉悦，被巴特阐释为中性的或中性之物："它是一种漂移"，他写道：

> 某种既革命又反社会之物，它不能被任何总体性、精神状态、个人言语方式所取代。某种**中性**之物吗？显然，文本的愉悦是可耻的：不是因为它是不道德的，而是因为它是**离题的**。

> （PT：23）

愉悦之所以是"离题的"，是因为它否定既定话语的期待，无论是保守的还是激进的知识话语。愉悦的离题性主要在于它的反社会、反总体性倾向。

正位

古单词"topos"（正位）意为"公共之地"，从中产生了"topic"一词，意为"commonplace"。古典修辞学中，"commonplace"既指被普遍接受的观点（刻板印象或陈词滥调），也指在话语中的一个公共之地：在儿童故事中以"从前"开头意味着遵守一个固定的正位。一个正位，像巴特所运用的"名称"一样，是指话语中固定的、预期的成分。

但是，读者要弄清这一观点。在区分阅读中的愉悦和享乐时，巴特显示了他作为知识分子的矛盾立场。愉悦，阅读中的舒适的快乐，主要来自于那些构成文化传统的文本：巴尔扎克、福楼拜、普鲁斯特等。这样来看，由这样的文本所提供的愉悦，可能将读者接入到共同的社会价值中。但是，阅读中的享乐完全是反社会的，它是一种类似于性高潮的体验（jouissance，巴特用来指享乐的词语，有时应当被翻译成"狂喜"［ecstasy］，也可翻译成现代英语中的"高潮"）。可以将性与社会活动联系起来（毕竟，它包含着比自身更多的内容）。然而，对于巴特来说，享乐或高潮，将自身散落在这样一个时刻：无法发现自己、与自己沟通，甚至迷失了自己：

> 愉悦文本：满足、充注、准允欣悦的文本；源于文化但不与之断裂的文本，与阅读的**舒适**经验紧密联系的文本。享乐文本：施加一种迷失感的文本，令人不适的文本（或许到达某种厌倦的程度），动摇了读者的历史、文化、心理定势、他的品味、价值观、记忆的一致性，使他与语言的关系陷入危机。

（PT：14）

主体

传统上,关于主体,通常会提到"有意识的或思考的主体"的概念,个人的本身或本我(Hawthorn 1992:180-2)。自柏拉图以来,哲学就极为重视主体,经常将它设定(巴特所认为的传统的作者的做法)为意义的中心或来源。但是,在结构主义,尤其是后结构主义那里,这种传统的对于主体的优待遭到了攻击。在后结构主义著作中,主体被看作是由主流意识形态或语言所建构之物。那些遵循传统思想的理论家受到马克思主义的影响,尤其是路易·阿尔都塞(1918—1990)的作品,而那些遵循后来的理论之路的理论家则主要受到雅克·拉康(1901—1981)的心理分析理论的影响。弗洛伊德通过发展无意识的理论而极大地挑战了关于主体的传统概念。在弗洛伊德理论中,无意识对于主体来说是不可知的,但它是主体的行为、欲望、家庭和社会关系的来源。随着心理分析的出现,在主体内部出现了一个令人不安的缺口或裂口。拉康的理论在现代语言学的基础上着重对弗洛伊德的重读,并在其"无意识像语言那样被结构"的著名论断中达到顶峰。在受到拉康影响的后结构主义理论中,主体被看做是语言的产物。主体不再是人类行为和思想的来源,而是一个语言的在场被感觉到的场所。这一论点可以通过分析语法意义上的主语而再次得到验证。在一个句子中,主语是"构成限定动词的主格的一个词语或一组词语"(OED);主语支配着句子的谓语。在一个常见的句子"我爱你"中,主语是单词"我"。巴特等后结构主义理论家乐于声称除了它的语法意义,在主语之外或背后不存在任何东西。我们或许会想,当我们说"我爱你"时,我们表达了一种独特的、纯粹的个人情感(传统上所认为的主体的意义)。然而,我们只是重复了一种必要的句子建构:主语在谓语之前,谓语在宾语之前。当然,我们也说出了在所有陈词滥调中最被过度使用的一种。在这里,主体在语言中迷失了,被语言并通过语言而被建构。对于后结构主义来说,所有语言都以这种方式运行。意义并不是来自于人这个主体,而是在主体中并通过主体而运行的语言。

　　巴特在《文本的愉悦》中所展现的方法居于这两种明显对立的状态(愉悦文本与享乐文本)中,而不在两者之间做出选择。巴特在他的文本中所展示(或想象)的读者是一种自觉的矛盾主体:"他享受自我(即,他的愉悦)的一致性,又寻求它的
106　失去(即,他的享乐)。他是一个被撕裂两次、双重反常的主体"(PT:14)。正是在像这样的表述中,巴特开始充分阐发享乐主义在他那里的意义。巴特的享乐主义文本理论并不是如左翼思想理论所认为的那样,自恋地服务于单个主体,以为在这种方法中,在享乐的时刻,主体分解了、迷失了。巴特在《罗兰·巴特论罗兰·巴特》中是这样表述这个问题的:"主体认为自身在别处,主体性可以在螺旋上的另外一处回归:被解构了、被拆开、被移动了,没有停泊地:我为什么不能提到自己,既然'我'不再是'自己'?"(RB:168)。巴特在这里简洁密集地表达了后结构主义的一项主要特征:对于人作为主体的传统概念的解构和拆除。

　　上一章结尾我们分析了像索勒斯那样的先锋作家是怎样戏

弄句子中的代词性主语,像棋盘上的黑白棋子,主语在第一人称"我"和第三人称"他"之间不停转换。这种写作的效果是打乱了传统的认为在文本背后有一个单一的、非语言学的主体的观念。巴特在《罗兰·巴特论罗兰·巴特》中运用了相似的技巧,主语在我、他、R.B.之间转换。这样的代词并不是他在文本背后作为作者的、非语言学的存在,而是极大地影响了巴特的语言学家和结构主义批评家罗曼·雅各布森(1896—1982)所称之为的"接合词"。"我"和"他",或者句子的专有名词,根据语境的不同,可以指代不止一个指示物。这样的代词主语转换着它们的指示意义,产生了去中心化的意义,或是巴特解读《萨拉辛》时所提出的意义生成过程。巴特在《罗兰·巴特论罗兰·巴特》中用一个恰当、乏味的例子说明了这种效果。他提及收到的一张明信片,上面写着:"周一。明天回。让-路易"。巴特"惊讶于在如此简单的言语中竟发现了这些双重操作者,雅各布森所分析的'接合词'的踪迹"。他继续说道:

> 让-路易明确知道他是谁,他在周几写了这张明信片,但是一旦他的信息到了我的手上,就变得不确定了:**哪个星期一? 哪个让-路易?** 既然**对于我来说**,我必须从不止一个叫让-路易的人,以及很多个星期一中做出选择,那么我怎么才能分得清? 尽管可以解码,但如果只说出这些操作者最熟悉的部分,接合词,尽管由语言所装饰,仍然会变成一种复杂的打断交流的方式。

(RB:165-6)

享乐,对于巴特来说,意味着一种稳定的主体地位在语言中迷失。它包含着一个读者作为主体、作者作为客体消解于文本性的疆域的时刻。巴特描述这样的时刻："文本之后，没有主动者（作者）；文本之前，没有被动者（读者）；没有主体和客体"（PT：16）。这样的享乐时刻将读者的自我消解并扩散至语言、文本性：然而，它是一种非社会性的时刻，不包含"一种对于主体（主体性）的重现"："一切都完整地消失了"，巴特声称（PT：39）。正是由于这种失落感，而不是对自我的巩固和维护，使享乐或"高潮"的、与性有关的身体的隐喻在巴特的写作中得到削弱："享乐时阅读或言语的系统，通过这个系统，主体，没能确立自己，反而迷失了，经历着那个消耗的过程，严格来说，即享乐"（GV：206）。

很重要的一点，读者的享乐的时刻发生在当读者面对着并不复制套语、陈规老套的写作时。面对套语和陈规老套，意味着被置于主体性被质疑的境地；之前引用的巴特对于同性恋的评论证实了这一过程。对于巴特来说，面对一个享乐文本，意味着从能够或者想要选择权或意识形态忠诚的对于单一的主体性的可怕的幻觉中挣脱出来。也就是说，享乐的时刻发生在当主体面对一种取消了对于身份的社会定义（你是？……）、当主体逃入一种否定了陈述身份可能性的一种语言（我是……）。保守或左翼话语依赖于传统的主体观念，以此来传播陈规或套语。然而，享乐文本打乱了这一过程：巴特认为，通过这种文本，"被越过、撕裂的"是"社会对每个人类产品所要求的道德统一性"（PT：31）。因而，在许多方面，巴特在《文本的愉悦》中的观点可以回溯到他的第一本书《写作的零度》，因为享乐文本，最终向读者表明的是，什么才是完全新的（新颖的，超越了陈词滥调和重复的）东西。我们也可以说，享乐文本是还未被文化适应的文本，因而在社会所要求的名称、单一身份之外而说话（PT：40-1）。要了解巴特所阐释的"新的"与他在《写作的零度》中的主要不同点,需认识到,享乐文本在它被阅读的时刻才成为享乐文本。在《S/Z》等作品中,重点被放在了读者对文本的生产上,巴特强调了享乐文本(因而与文本相关的享乐体验)是不可重复的,只能发生在位于历史和系统性语言之外的当时的时刻。巴特对先锋的观点很清楚:"先锋是将要复原的难以驾驭的语言"(PT:54)。同样明确无误的是巴特已经在很大程度上远离了试图制造一种总体的、方法论式的、可传达的阅读模式的努力。巴特在《文本的愉悦》中所提出的身体的、充满愉悦的、有时与性高潮有关的对阅读的阐释,已经超乎想象地远离了结构主义关于文学的科学的理想,甚至远离了任何总体性的理论立场。巴特在 1970 年代的作品,将重点放在了一种避免套语的暴力和名称上,挑战了我们对于"理论"写作的认识,因为它开始在各种类型的写作(虚构的和非虚构的,小说式的和批评式的)之间的区分瓦解的过程中占有一席之地。

一个小说式文本?

在 1978 年关于普鲁斯特的一篇文章中,巴特不确定他是否最终会抛开理论而转向小说写作(RL:289)。在他去世前,有很多关于巴特打算或想要在他的"乌托邦"小说之路上走多远的猜测。但是,可以肯定的是,巴特在他的后半生开始明确区分传统的小说类型和他所称之为"小说式的"写作形式。在 1973 年的一次采访中,利用"essay"一词的"检验"或"实验"的意思,巴特声称:"我的写作已经充满了小说式成分"(GV:176)。巴特在他的《罗兰·巴特论罗兰·巴特》的开头声明:"它必须被认为是一部小说里的人物所说出来的"(RB:1)。在 1975 年的一次采访中,巴特这样描述《罗兰·巴特论罗兰·巴特》:

109   它是部小说,不是传记。路线并不相同。它是带有智
    识性的小说——之所以是小说式的有两个原因。首先,许
    多片段是关于生活的小说式表面的;此外,在这些片段中所
    展示或上演的是一个影像库,即小说的话语……这本书的
    话语是小说式的,而不是智识性的……

                                                    (GV:223)

如果能给这种概念的程度分类,那么,巴特的《恋人絮语》是其
所有作品中最具小说性的。这个文本的小说性可以从以上所引
用的巴特对于"影像库"这个术语的使用得到印证。

    巴特的《恋人絮语》由 80 个情境按照其字母顺序排列构
成。这些情境如同"一个符码的打印件"一样浮现在恋爱主体
的脑海中。他们是恋人的话语的互文性成分。巴特写道:"恋
爱主体根据他的影像库的需求、命令及愉悦感,来运用情境的储
存库(或词汇分类库)"(LD:6)。

    恋爱主体根本上的讽刺性已经包含在了这些评论中。爱
情,本应是所有情感中最私人的,由主体通过从总体的、非私人
的词汇分类库,甚至是词典中产生的符码的碎片而被主体所体
验。主体没有立即认识到这种讽刺性的原因是,他的或她的直
接的个人的反应是一种总体的情境词汇库的一部分,与影像库
的心理分析背景有关。

影像库

    影像库是拉康的术语"想象界"的巴特版本。这一概念与
拉康对弗洛伊德的理论的最著名的修正成果:"镜像阶段"
相关。

想象界和镜像阶段

在拉康的简写为《镜像阶段》(Lacan 1989:1-7)的文章中,婴儿起初并没有自我的概念,也不了解自己的身体与周围的身体的区别。婴儿在这一时期的身体,如伊丽莎白·格罗斯所说,是"不协调的、由不具备被调整的组织性和内在凝聚性的零散部分组合而成"(Grosz:44)。"镜像阶段"是拉康用来指婴儿将自我的统一性组合起来的方式。这种一致的自我的意识是从别人那里得来的,或从镜子中所反映的自我的形象或从母亲的身体。关键的一点是,统一的自我是以一种形象为基础的(他者的、在依附性的、不协调的婴儿的身体之外)。拉康声称:"重要的一点是,这种形式使自我的动因,在其社会决定之前,处在一种虚构的方向上,这个方向对单独的个体来说将始终是无法归约的"(Lacan 1989:2)。因而,镜像阶段开启了我们想象(以一种内在的形象为基础)我们的身体是一致的、作为主体在时间中是一致的过程。因此,想象界包含着一种我们对于自己作为一个统一的主体的虚构,这种虚构很大程度上在于我们从外部的形象中、从他者性,建构自己的统一的自我。所以在想象界中存在着一个极大的失却或缺口:我们自己的形象看上去是虚构的,并且建立在我们自我的失却或缺口之中。当然,社会通过提供一系列形成自我的虚构性的形象,在我们的成人生活中从根本上强化了这个缺口。在此基础上,就有可能去分析家庭主妇、商人、教授、电影明星、政治家、社会反叛者,以及巴特作品中的恋人的想象界。

巴特将互不关联的情境,或用他的术语来说,互不关联的事件排列在一起来展示恋爱主体的影像库或想象界。总是指向"你"——被爱慕的客体的恋人的话语,是一个文本,将文学、心理学、哲学、宗教、音乐和个人经历中的互文性痕迹编织起来。但是,我们可能会问,如果这种话语是想象界的一部分,一种巴特曾跟癫狂相类比的虚构(LD:121),那么巴特为什么会被一种为它辩护的欲望所驱使而写出这样的一部文本?巴特在文本的开头就指出恋人的絮语"或许是由千万个主体说出的……但没有获得任何一个的许可:它被周围的语言完全地抛弃:被他们所忽略、蔑视、讥笑"。他接着提出,正是由于社会的放逐,恋人的絮语才变成了一个可能的"肯定"的场所:"那种肯定",他补充说,"是从这里开始的书的主体"(LD:1)。

111   本章我们花了一些时间评论了巴特如何在他后期的作品中有意采取了被激进的思想理论所排除的立场和主题。但是即使了解了这一点,开篇一段的逻辑看起来还是不够明确。一个已经被抛弃的话语需要被肯定,果真是这样的情况吗?恋人的话语被抛弃也许仅仅是因为它是不真实的。我们当然也可以提出这样的论点:通过鼓励我们陷入爱河(陷入爱情主体的想象界),社会可以转移我们的那些被用来进行更为叛逆行为的精力。几乎毫无争议的是,爱情话语让现代资本主义将我们变成了顺从的消费者。

巴特为什么要写一部肯定恋人絮语的文本?要回答这个问题,首先要指出的一点是,巴特的恋人,在他的文本中称"我"的这个形象,爱情并不被体验为肯定,而是一种失去,一系列挫败、焦虑、悬念、期待和神经质式的对于琐碎符号的难以捉摸的肯定的意义的追寻。巴特文本中的恋人是符号的阅读者,一个在恋爱中的符号学者(很多恋爱中的人都是如此),不断寻找着其他

(被爱者)参与想象界的符号、恋爱者自我的虚构。但是,既然被爱者对于恋爱者的想象界来说是一个他者,那么这样对肯定的符号的追寻不可避免地通向了失望、挫败和失落。

这种对于被回应的爱情的符号的寻找(也可以称之为共同的影像库的符号)与恋爱者展示他的爱情的符号、说服被爱者的需要或被爱者的形象相对应,恋爱者的想象界是真实的,或者与"实在界"相联系:

> 我让自己落泪,为了证实我的悲伤并不是幻觉:眼泪是符号而不是表情。借助泪水,我讲了个故事,我制造了一个悲痛的神话,然后据此调整自己:我与它俱生,因为通过哭泣,我为自己设立了一个坚定的谈话者,这个谈话者接收到我身体的而不是口头的"最真实的"讯息。
>
> (LD:182)

巴特文本中的恋爱主体,"我",是他小说中的一个人物;或者,毋宁说,《恋人絮语》中的"我"是一个在一部关于无回应的爱、与实在界相遇的想象界的挫败的小说中的人物,这个人物想要成为另一部想象界变成实在界的小说中的人物。巴特在一次采访中,谈到不想写"一部关于恋爱话语的专著";他说,如果我已经放弃作品中的科学性、总体性,那么我就是在说谎。在这样的一部专著中,巴特选择去写一种"假装的"、"编造的"恋人的话语。这个人并不一定是我自己。"结果",巴特继续说,是:"一种被写成的、假装的,或者,你也可以说,一种'拼凑'式话语(蒙太奇效果)"(GV:284-5)。

《恋人絮语》是一个小说式文本。这个文本呈现了一个虚构的人物(由互文性的文学、哲学、经验及其他种类的话语片段

112

编纂而成），这个人物的境况是，它生活在一个小说式的虚构中，却希望生活在另一种虚构中。这样的文本的结果很复杂。某种程度上，巴特的对恋人絮语的书写充分揭示了爱情话语的虚无缥缈、神话性的本质。然而同时，巴特的文本以爱慕之情对待它的人物（爱情话语，那个说"我爱你"的"我"），肯定了它，把它从对知识的弃绝中挽救回来。结果是，呈现了一个证明爱情话语的虚构性和欺骗性的文本，同时又避免了显著的去神话性批判的暴力性。《恋人絮语》体现了巴特的中性写作和这样一种写作所包含的矛盾之处：悬浮于一种战斗性的揭穿恋人话语的语言和一种保守的、使这种话语带有感情色彩并使之自然化的保守语言之间，这个文本为读者提供了一面既令人不安又使人愉悦的镜子。《恋人絮语》的读者认同对一个重要的文化神话的含蓄的批判，同时又认同"我"（这个人物）说着这个神话的话语。结果，我们自身与爱情话语的关系被挑战了，但却无法从关于这种话语的明确的、客观的理论中得到慰藉。

113

小　结

巴特在这一时期的作品表明他转向了一种虽然充满激进的理论观点和立场，但是抵制方法、并开始打乱虚构式和非虚构式的界限的写作形式。巴特逐渐认识到激进的政治和思想话语的模式化和重复性，他以悖论式的去神秘化探索了拒绝与套语（自然化了的语言）相抗衡的写作模式。通过将不那么时髦的主题，如爱、情感、愉悦等纳入他的写作，巴特将文本理论推进到更为身体化的领域，推进到文本的享乐。这样的理论发展形成了可以被描述为小说式而非理论式的写作模式。

音乐与摄影

许多关注视觉艺术而不是文学艺术的读者是通过巴特关于摄影和电影的作品而认识他的。巴特关于音乐的作品对于视觉艺术领域的研究者来说极为重要。本章将讨论巴特在音乐和摄影理论领域的贡献,为下一章对巴特的最后一本书《明室》的讨论做准备。

声音的纹理：巴特论音乐

1970 年代,巴特写了很多关于音乐的文章。这些文章引入了他在这一时期作品中的关键概念,为这些概念提供了富有启发的、新颖的视角。发表于 1970 年的《音乐实践》是一个很好的例子。在这篇文章中,巴特提倡一种明显与他在《S/Z》中的主要观点相联系的关于音乐表演的观点。巴特贬低那种日益严重的消费录制形式的专业音乐的文化倾向,提倡对于音乐的主动参与,很明显,这与他的可写性文本理论有关。巴特问:"如果作曲只是将作品局限在演唱会范围或是电台收听的孤寂中,那么作曲还有什么用?作曲至少在倾向上,是使人去"**做**",不是使人去听而是使人去写"(RF:265)。

116   这样的对乐谱的主动表演和对音乐表演的被动消费之间的区分,在1970年代之后的文章中,发展成为与"专业人员"相对的对"业余爱好者"的优先对待。巴特从童年时代起,就是一个热忱的音乐爱好者。在这十年的后半阶段,巴特写了很多正面评价罗伯特·亚历山大·舒曼(1810—1856)的音乐的文章,提倡一种与他的生产性、可逆性的文本阅读理论有关的音乐爱好者式的表演。巴特在他的1979年的文章《热爱舒曼》中写道:"如今,听音乐已经与关于它的实践脱节了:技艺高手,很多;听众,难以计数;但是,实践者、爱好者不多"(RF:294)。

在《文本的愉悦》中巴特对一个令人悲哀的事实做出过评论:根据官方统计,只有一半的法国人阅读书籍。这一事实令巴特感到遗憾,并不是因为通常所说的资产阶级对于阅读的教育意义的道德观念。人们越来越少地接触到文学显著的道德说教并不令人感到可惜。令人感到遗憾的是越来越多的人被从文本的身体的、狂喜的愉悦中隔离出来,巴特对于积极阅读的提倡反映在他对于音乐表演的评论中。与积极阅读相似,巴特提倡一种音乐爱好者的生产,与音乐存在着身体的、投入的、主动的关系,与大众文化对音乐的日益加重的商品化相抗衡。大众文化中的录制音乐和专业表演通过全国、现在为全球的媒体(比如广播和电视)播放出来,有可能制造出一种完全被动的对音乐的接收。它同样有可能根除音乐中的巴特称之为意义生成过程。意义生成过程为读者或音乐表演者/听众提供一个能指,而不是一个明确的所指;它要求一种身体的、主动的反应,而不是被动地接收一种已经稳定的、用另一种术语来说,"包装好的"意义。

巴特在很多场合通过比较两位歌手,解释了他所说的在音乐领域中意义生成过程的含义。查尔斯·潘泽拉,一位"法国艺术歌曲歌手",在两次世界大战之间风靡一时,曾经在1930年代末期给巴特上过歌唱课。不幸的是,潘泽拉"恰好在密纹唱片出现之际停止了唱歌"(RF:280)。相反,专业歌手迪特里希·费舍尔-迪斯考主导了战后古典录制音乐的舞台。巴特认为,迪斯考的歌声,是被专业化了的、"富于表现力、戏剧性、情感上明确"的,因而适合于一个将音乐作为一个产品的文化。巴特写道:

> 这种文化,由于是被听的扩展和实践的消失(已经没有爱好者了)所定义,所以它很需要艺术、很需要音乐,只要这种艺术、这种音乐是明确的,只要它们可以"传达"一种情绪、再现一种所指(即诗歌的"意义"):艺术(通过将享乐降为一种为人所知的、被编码了的情绪)避免了享乐的影响,并调和了主体与音乐中**可以被说出的东西**的关系:即学派、批评、舆论断然地对此说出的东西。

> (RF:273)

费舍尔-迪斯考提供了一个所指,一种完美表达了音乐方面专业的、受文化影响的观念的表演。在这个意义上,他的歌唱传达了套语、传达了关于什么是音乐,音乐应当是怎样的普遍观点。在这种形式的音乐中没有能指的空间,也没有听众去形成愉悦的、有时是享乐式的生产意义的空间。相反,潘泽拉的歌唱艺术提供了这种意义生产过程、一种在音乐上被巴特称之为"声音的纹理"的品质。

巴特认为声音的纹理来自于歌手或音乐家的身体。这个概念来自于上一章我们所提到的对身体文本的总体定价。巴特通过区分茱莉亚·克里斯蒂娃作品中所提到的现象文本和生成文本来定义这个概念。对于巴特来说,声音的纹理,即这种身体的语言(生成文本),正是现代的、职业化了的音乐试图从它的表演中所根除的。巴特对音乐领域中这个概念的关注,不仅十分重要,而且帮助我们认识到他关于文学的写作和摄影学的作品之间的联系。这种联系涉及逐渐关注到产生于身体并影响身体的那些文本成分。这些成分并不能被文本结构或是批评方法所容纳或体现。它们构成了位于所有已知结构之外的一种盈余或补充物。

118

现象文本与生成文本

克里斯蒂娃对现象文本(Pheno-text)和生成文本(geno-text)的区分可以在一定程度上解释巴特的身体文本的含义。在 1960 年代末期和 1970 年代初期,克里斯蒂娃在她的作品中区分了象征态和符号态。象征态,取自拉康,是指逻辑性的、在明晰沟通中存在的话语,因而也是主流社会的语言。但是克里斯蒂娃认为,心理主体被这种语言和另一种由儿童早期产生的、在主体学会社会的正式语言之前就已存在的那种语言的身体性关系所分解。在进入象征秩序前,儿童主体是一处充满驱动力、冲动和身体韵律的场所。这就是符号态,对于克里斯蒂娃来说,它一直是她所称之为的诗性的最主要来源。激进的文学和艺术(克里斯蒂娃所认为的**诗性语言**)试图利用符号态以此来刺穿象征态的显而易见的、自然化的、压迫性的语言。象征态和符号态的冲突体现在对逻辑的攻击上,在于通过有韵律的及其他前逻辑的表达方式来打破官方的类型和话语(见 Kristeva 1984)。在克里斯蒂娃的这组对立关系中,现象文本是指通过遵守象征秩序的语言而得到表达的文本的部分。生成文本是指某些文本中通过现象文本可以感觉到的,刺穿、打破、扰乱交流中的明确通道的部分。没有文本可以直接呈现生成文本或符号态的力量,因为这种力量存在于语言之前。然而,生成文本可以在那些抵制象征秩序的支配性的文本中**被感觉到**。

摄影与第三层意义

巴特早期对摄影的评论主要体现在《神话学》中对被吸收了的编码的批判。《摄影讯息》(1961)和《图像修辞学》(1964)等文章试图将巴特对文化神话的符号学方法运用到摄影图像中。对巴特来说,这样的运用的关键问题是,照片似乎与其他依赖于文本的文化讯息产生讯息的方式不尽相同。巴特注意到,照片在人类符号历史上具有某种革命性意义。这种革命性因素在于,照片很明显地产生了一种"没有编码的讯息"(RF:5)。巴特认为,以文本为基础的讯息,依赖于类比,一种在符号和它们的指代物之间的对应性或一致性。

119 **指代物**

　　指代物在现代语言学中是一个疑点重重、经常被提到的概念。它指的是一个符号或一组符号所指代的内容：例如，单词"tree"的指代物，是实际生活中的"树"或是"tree"作为符号所指代的内容。然而，我们已经知道，索绪尔之后，语言的指称功能、语言实际上直接自然地指涉世界上的事物的观念被认为是错误的。在第3章中我们已经提到，符号是任意的。在符号"tree"和世界上我们所称之为"树"的东西并不存在实际上的（必要的、自然的）指涉关系。但是，需要注意的是，否定词语中的直接的（自然的、必要的）指涉关系并不意味着语言无法（惯常的、甚至系统性的）指涉世界上的事物。要点在于我们所谈论的指涉性是惯例性的，而不是自然的、任意的，也不是必要的、经过调整的，亦不是字面意义上的。巴特毕生对"类比"的批判来自于认识到了语言的任意性。巴特在《神话学》和《流行体系》等作品中的符号学过程可以用以下方式来描述：批判了假定的类比；证明了符号和符号系统的表面上的指代物总是文化的而不是自然的；证明了指代物总是在它被认为在的地方的别处；最后，证明了指代物是被建构的、意识形态化了的，而不是自然的。

　　然而，摄影在巴特的符号学阶段提出了一个潜在的问题，因为摄影与其他符号不同，的确看上去有一个实际的指代物。其他的符号依赖一个编码，一种在外延和内涵意义上的移动。在这样的符号中，被展现为指代物的事实上是允许内涵讯息被含蓄表达出来的外延讯息。这样的符号是编码的，因为它们具有至少两个层面的意义或意指过程。而照片，看上去为我们提供了一个没有被编码的指代物。我们怎么才能主张一张照片中所展示的是一种隐藏了内涵讯息的外延讯息？一张照片所体现的东西存在或曾存在的方式与相机所捕捉到的东西是完全一致的？那么，照片所展示的是最严格意义上的指代物？其他艺术，看上去都产生或创造自己的指代物。正如我们所分析的，即使明显的"现实主义"艺术形式，依赖于现有的编码和套语去产生一种字面意义上的指代物的幻觉。然而，摄影看上去只是捕捉到了它随后所体现为的照片图像，而没有将这种字面意义上的指代物创造成新的形式。这种照片图像（指代物）看上去是无编码的，因为它没有（在一种人工形式的编码中，或通过这种编码）被创造，而仅仅是被捕捉到。显然，这是一种没有编码的图像。

事实上，我们已经分析过巴特如何在照片中寻找编码了的讯息（内涵讯息）。巴特在《神话学》中对年轻法国士兵的讨论不仅表明了这样的图像的编码性，也表明了正是在这样的图像的外延的强大力量中，意识形态得以实施其吸收过程。在《图像修辞学》中，巴特通过分析潘赞尼食品公司的广告中的摄影图像的运用，提供了另一种生动的去神话化解读。这样的广告运用指代物——图像的纯粹的外延讯息，来使它的文化和意识形态显得自然：

> 外延图像吸收象征讯息，它为内涵的非常密实的（尤其在广告方面）语义手法辩解；尽管潘赞尼的招贴广告充满了"象征"，但在文字讯息足够的情况下，照片之中仍然保留了对象的某种本质的**在那里**：本质似乎可以自发地产

生所再现的画面……编码的缺席使讯息非理智化,因为实际上似乎是它在建立文化的各种符号。

（RF:34）

潘赞尼广告的编码性极为明显:它将通心粉和米饭的袋子、酱料罐和蔬菜等天然食品集合在一起,放在网兜中,这些产品(文化的和自然的)仿佛从网兜中淌出(见 IMT:图 XVII)。在这一图像中不难发现天然、健康和巴特所称的意大利特性等内涵意义。然而,事实上,这些物品被拍摄时也是以这种方式排列的。像年轻法国士兵的图像一样,这个图像的内涵也同样被它们本来的、指涉意义上的存在而自然化。

巴特对于摄影图像(它的纯粹的外延)的明显的无编码特性的回应是复杂的,从中可以发现两个方面:一方面在于巴特十分注意摄影指代物这一问题:简言之,他给予这个问题以充分的注意。他反复提到,原本的(无编码的)摄影指代物是一种神话、一种被普遍认定的现象,而不是关于摄影的事实的观点(RF:7,21)。巴特在《图像修辞学》中极力解释,即使我们能够建立起一种摄影图像的本身的层面,这也不是人们通常所说的事实上的指代物。通常的或神话化的想法是,照片为我们展现了事物本身,即巴特所称之为的对象的"在那里"。但是,巴特明确指出,所有图像,无论如何被编码,都可以被说成是证实了他们所再现的对象的"在那里"。我们认为对象的"在那里"是对生活的写实素描,无论这种素描是否已被风格化。并不是说,照片与素描、画和电影相比,是一种更好的、更纯粹的再现方式;相反,摄影图像的独特性在于它提供了一种被再现时即存在的图像。在此意义上,摄影图像为我们提供了巴特所称为的对象的"*曾经在此*"性。也就是说,摄影图像似乎有一种外延的或事实上的*存在性*,但是这种存在性总是在过去,在被观看之前。巴特写道:

> 正是在这种外延讯息或无编码讯息的层面上,我们可以完全理解照片的**真实的非现实性**;它的非现实性就是**在此**的非现实性,因为照片从未像一种幻觉那样被体验,它根本就不是一种**在场**,于是,我们必须降低照片奇妙特性的重要性;而它的现实性则是**曾经在此**,因为在任何照片中,都存在着对**就是这样发生**的令人惊愕的证据;我们因此通过一种珍贵的奇迹,获取了现实,而我们就躲避在这种现实下面。
>
> (RF:33)

巴特在此处的评论显示出一个比照片是否在再现方式上是它本身更为复杂的一个问题。这些评论也开启了关于摄影的时间性(与时间的关系)的讨论,这一讨论在《明室》中占有重要地位。

　　巴特对摄影和指代物问题的方法的第二个方面,在于符号学使得他可以避免作出仓促和简单化的解答。由于符号学的焦点在于文化是怎样利用图像和文本传达意识形态(二级)意义,巴特可以集中精力讨论摄影图像的直接的本身的层面是如何被用来产生二级意义或者内涵的。因此,对巴特来说,解决问题的紧迫性减轻了,因为他的重点主要指向了照片被运用的方式而不是它们本质上是什么。也就是说,巴特在这一时期的作品中

122

的重点在于围绕在类比和指涉观点周围的神话,而不是纯粹的类比性讯息是否真的存在。

摄影中的指代物的问题以不同的形式出现在巴特之后的作品中。在他的文章《第三层意义:关于几张爱森斯坦剧照的研究笔记》(The Third Meaning: Research Notes on Several Eisenstein Stills, 1970)中,巴特已经从严格的符号学转向了带有在《S/Z》中所推崇的可逆性文本的特征的研究。巴特讨论了俄国电影导演谢尔盖·爱森斯坦(1898—1948)《战舰波将金号》和《可怕的伊万》(Ivan the Terrible)的剧照。在《S/Z》中阐释和在《文本的愉悦》中得到发展的文本理论为解读这篇文章提供了富有启发性的框架。巴特在许多场合都暗示了他相较于电影对摄影的偏爱(见,例如,RL:345-9)。电影对于巴特来说似乎等同于可写性、不可逆的文本。它对于叙事编码的依赖和在观众中产生被动的认同感的方式使得它成为在巴特看来,一种与完全的复数文本、意义生成过程以及观众的可能的享乐式重写没有多大关系的媒介(关于巴特的电影理论的详细分析,见 Burgin 1996:161-76,重印于 Rabaté 1997:19-31)。然而,将剧照(单个画面)从爱森斯坦的电影中分离出来,使得巴特悖论性地在爱森斯坦的作品中找到了他所说的影片性。看上去,对巴特而言,电影性必须抵制年代学、叙事、人物和情节发展,而这些正是评论家所描述的电影艺术的本质。但是,巴特所说的电影性,是一种与先锋文学的激进文本性功能相同的东西,抵制叙事和年代学,将读者纳入一种愉悦的、开放的、无止境的参与到能指及意义生成过程中。

巴特描述爱森斯坦的剧照的电影性成分的方式是将它们区分为三种层次的意义。剧照的信息层是指它所直接传达的意义。意义的象征层将包含在剧照中的更为复杂的象征意义中的读者或观看者包括进来。例如,巴特在一开始分析了《可怕的伊万》的剧照。在剧照中,两位年轻的朝臣正在朝沙皇的头上泼一桶黄金。这样的剧照的象征层包含着一系列在社会中运行的象征编码:黄金是财富、主动性和社会交换的象征。这些意义的象征层很明显是以上所说的剧照的内涵意义。它们可以被命名并通过巴特在 1960 年代发展起来的符号学解读方法来讨论。

然而,巴特对这样的图像的解读并没有停留在象征意义的层面上。他称我们刚刚提到的象征意义为"显义",称与此相对的为"晦义"。在上述剧照中巴特注意到,有一些特征并不以可命名的象征或二级内涵而打动观看者:其中的一个朝臣妆很浓,另一个朝臣的妆平滑苍白;一位有着"愚蠢"的鼻子,另一位有着精致的眼睑;一位的头发像是假发。这些观看者不知道如何解读的符号,形成了"晦义"或"第三层意义"。巴特提出"钝的"(obtuse)一词"意思是变钝,变圆",他紧接着说明,这样的特征使得他对显义的解读打滑(RF:44)。

第三层意义或晦义的提出,使爱森斯坦的剧照变成了一种愉悦甚至享乐的文本。对这些剧照的解读脱离了叙事和年代学,更重要的是,脱离了严格的符号学解读能够在图像中所发现的结构。这样的无法被结构化、无法被吸收的意义仅在能指层面上存在(没有所指来结束、完成这种意义);因而,这是意义开启了意义生成过程的全新嬉戏。如巴特所说:"我们可以从理论上定位第三层意义,但却无法描述它,第三层意义像是从语言到意指活动(意义生成过程)的过渡、像是影片性的奠基活动"(RF:59)。

巴特在《明室》(1980)中继续详尽分析了摄影图像中的第

124

三层意义（晦义）。同时，在巴特早期关于摄影的论文中被延迟的关于摄影指代物的问题，也在《明室》中被继续讨论。

小　结

　　在多篇关于音乐的文章中，巴特详细阐述了那些已经在《文本的愉悦》等作品中确立的主题。其中，音乐表演方面，巴特从"声音的纹理"出发，发展了他的文木意义生成过程的理论。巴特早期作品中关于摄影和对摄影图像的运用构成了他对文化符号和神话的总体符号学分析。摄影图像的明显自然或原本的指代物的问题在他的符号学作品中已被详尽讨论，但仍作为一个问题被继续研究。

《明室》：不可能的文本

巴特的母亲亨利特·巴特于1977年10月25日去世。失去了陪伴他大半生的母亲的影响体现在从她去世之日至不到三年后巴特自己过早去世的所有作品中。《明室》是一本直接关于他的母亲和母亲去世对他的影响的书。巴特在书中提供了一种关于摄影图像的本质的理论，也完成了对无疑是他一生中至爱的对象和源泉充满爱的、悲痛的致敬。

研点与刺点

巴特的书分为两部分：第一部分是摄影理论；第二部分将这种摄影理论运用到他的家庭照片中，尤其是他母亲的照片。这两种互相矛盾的目的——摄影理论和哀悼母亲——产生了一个使读者迷惑的文本，只有回到本导读的第7章的主题才能被理解。《明室》与《罗兰·巴特论罗兰·巴特》和《恋人絮语》在很多方面都不同,但同样也有着小说式特征。这个将方法(理论)语言或话语与完全个人的话语(哀悼)混合起来的文本因而动摇、打乱了它所呈现出来的结果。如南希·肖克罗斯所表述的那样:"巴特在《明室》中的写作既证实又反驳了人们对这篇文章既是普遍的又是单一的理解,即总体上,是一种对摄影的论述,又是某种对他母亲的悼词"(Shawcross 1997:80)。通过直接将理论结合(也许污染了)悼念、对摄影的总体的方法论分析结合对一些家庭或公共照片的情感化、主观的思考(在法语中巴特用了笔记[note]一词),巴特在他后期写作中的"中性化"方法在这个文本中得到拓展。一旦认识到这个文本以深刻的个人事件为基础,那么我们应当怎样来回应文本中所展示的摄影图像?

总体的、理论的话语和个人情感或身体反应之间的游戏被巴特书中的理论概括了出来。将他的《第三层意义》文章中的术语转化成一个新词,巴特区分了照片的"研点"和"刺点"。一张照片中的研点与明显的象征意义相对应;它是一种所有观看者能够达成一致的东西,因为它展现了被文化所编码的意义。在一张凯恩·韦兴所拍的 1979 年尼加拉瓜遭受战火的街道的照片中,研点是由持有武器的士兵、夷为瓦砾的街道、两个恰好在韦兴拍摄时经过的修女的并置所确定的内涵。战争中的日常生活、战争和官方宗教之间可能的关联,或者是暴力与和平的文化符号的并置,这些含义对于图像的观看者来说,并不难发现,因为他们是共同的社会象征系统的一部分。巴特认为,这张照片完全是关于研点的。另一方面,刺点打乱照片中的显义,而且明确与巴特在他之前的关于爱森斯坦的文章中所讨论的第三层意义或晦义相对应。巴特提出,刺点关乎一种元素或多种元素,这些元素刺穿观看者,"像一支箭"从图像中射出。刺点打断了照片中的意义(研点),因而,刺穿了观看者:"照片上的刺点是一种偶然性的东西,正是这种偶然性的东西刺痛了我"(CL:27)。很容易将这些术语与文本理论联系起来。对研点的解读方式可以与对可读性文本的解读相联系;研点指文化编码的清晰表达,并最终指向图像的一个所指或一套所指(一个稳定的意义)。而刺点仍然停留在能指的层面上,恰好位于可被分享的编码、总体性描述之外。刺点在照片中打乱图像的意指过程,在科学的或总体理论性的表达之外,为图像的单个读者产生了一种可逆的意指的享乐。如巴特所述:"研点的寓意最终可以破解,刺点则不然……我能够说出名字的东西不可能真正刺激得了我,不能说出名字,是一个十分明显的慌乱的征兆"(CL:51)。

但是,如许多评论者所指出,研点和刺点的区分存在一个问题。巴特在《明室》中包括了许多照片,每次在照片中发现刺点时就加以评论。在威廉·克莱因纽约街头的孩子的照片中,刺点是其中一个男孩的坏牙齿;在詹姆斯·凡·德·泽的《全家福》(Family Portrait)中,刺点是亲切的奶娘那双带袢的皮鞋;在路易·H.海因斯的一张新泽西一所学校的两个学生的照片里,刺点是男孩丹东式的衣领和女孩缠着纱布的手指。如德里克·阿特里奇所指出的那样,这些例子的问题在于,如果巴特成功地说服了他的读者在这些无关紧要的细节里刺点的存在,那么这些细节就不再是刺点存在的地方,而成为了可以在社会意义上被表达的符号:研点(Attridge 1997:81-3)。刺点必须是无法被表达的,因为一旦被表达,它就必须被归入研点的标题之下。

巴特自己也意识到了这个问题,如前面我们所说的,引用书的第一部分结论的一段:"我无法命名的无法刺痛我"(CL:51)。尽管这两个术语一直被批评家和评论家们热烈地讨论着,巴特在他的书的第二部分放弃了它们。这一部分通过发现他母亲五岁时的一张照片转向了对于刺点的新的定义。在看过其他最近的照片后,在这一张照片中,巴特终于发现了,如他自己声称的那样,一张传达他母亲的"本质"的图像。巴特对他称为冬季花园照片的发现的阐释,是情绪化的,也许也是整部作品的理论核心。巴特用极为个人化的、诚实的语言,讲述了他怎样发现了这张照片以及这张照片为他所捕捉到的本质。

对于冬季花园照片的发现促使巴特重新表述他的刺点的概念。于是,他决定"从这唯一一一张对我来说是确实存在的照片中'抽出'所有照片的'性质'来,在某种意义上说,把这张照片当做我这次研究的向导"(CL:73)。这个决定导致了一个非常确定的结果,一种对于摄影刺点的新的定义。但是它同样也是一种特别的、挑衅的、不合逻辑的举动。如果要避免自这部作品出版以来的拘于字面意义的、错误的反应,我们就需要弄清楚巴特的决定的特殊性。

不可复制的理论

我们已经知道,巴特的论点在书的第一部分的结尾进入了僵局。这种僵局是由这一事实所造成:关于摄影图像中的刺点的理论无法在不失去其作为刺点的独特性的情况下成为一种总体性理论的课题。意识到这种僵局,巴特开始了他的第二部分。在这一部分中,他转向了个人领域,寻找他母亲的确定性图像。

巴特相信他已经找到了这种确定性图像,并决定将全部摄影理论以此为基础。经常被此书的评论者所忽视的一点是,巴特的新的摄影学理论自觉地建立在曾被第一部分所否定而产生的僵局的基础上。巴特挑战性地提出了一种新的理论基础,这种基础已经被证明无法支撑起一种摄影学的普遍理论。在《明室》的第二部分所提出的理论是不可能存在的;但更重要的是,它被自觉地表现为是不可能存在的。如雅克·德里达在《巴特的多重死亡》所指出的那样:"我们所说的不可能性并不仅仅是指一般意义上的独特的个人(身体)体验的表达:对巴特来说,更关键的是,它指的是,他提及母亲时对母亲的描述没被变成一种关于母亲这种形象的总体的象征主义。也就是说,巴特如何才能在读者不普遍化他的评论、在他的读者不把他和他的母亲归入一般的社会范畴的情况下写他的母亲?"(Derrida 2001:45-6)。巴特如何才能在他的写作的指代物不为他的读者提供一种每个母亲的原型(母亲形象)的情况下写他自己的母亲?

巴特文本中的很多元素使我们意识到他所展示的理论的不可能性。巴特以如下的方式描述冬季花园这张照片:"对我来说,它以空想的方式完成了对一个独特之人几乎是不可能的认识"(CL:71)。他提到在他母亲最后的日子里,在她的病床前照顾她,在象征意义上,她变成了他的孩子:

> 最终我经历着她,像她从前那么强壮,我的内心法则,作为我的女性的孩子……我这样一个不曾生过孩子的人,在我母亲生病期间,我生了她。
>
> (CL:72)

我们知道冬季花园照片是巴特母亲作为五岁孩子时的照片。事实上,这张照片并没有出现在书中。这一事实使得狄安娜·奈特的论点更有说服力,她认为这张照片本来就不存在,巴特描述的实际上是一张题为"存货"的私人照片,这张照片出现在了书中(见 Diana Knight, 1997a:244-69 和 1997b:132-43)。当然,巴特对于省略冬季花园这张照片的解释也透露了原因:

> 我不能展示在暖房里拍摄的那张照片。这张照片只为我一个人而存在。对您来说,那仅仅是一张并不重要的照片,千千万万张普通照片中的一张;从哪个角度来说那张照片也不可能成为一门科学的可见物体,不可能奠定一种客观性,这是从客观性一词的正面意义上来说的;那张照片充其量会使您的**研点**感兴趣:时代、服饰、照片的清晰度;但是,对您来说,在这张照片上发现不了创伤。
>
> (CL:73)

巴特所阐释的以冬季花园照片的个人的、无法表达的为基础的理论使我们回到了摄影指代物的问题上。不同于书面甚至绘画中的图像,巴特认为,"在摄影中我永远不能否认这个东西在那儿存在过"(CL:76)。照片和它的指代物是共生的,也就是说,它还没被再现它的媒介创造出来。当然,这样的论点也存在很大的问题。将巴特的文章与克里斯蒂安·波尔坦斯基(1944—)的艺术摄影相比较,马乔里·佩洛夫论述了在波尔坦斯基的摄影中,那些看上去是指代物本身的东西经常不是它所展现的。波尔坦斯基的《克里斯蒂安·波尔坦斯基的十幅肖像,1946—1964》(*10 portraits photographiques de Christian Boltanski*, *1946—1964*,1972),看上去是一系列刻画摄影家童年的不同阶段的照片,然而,这一整套照片,是在同一天拍摄的。确实,波尔坦斯基作为摄影家的整个步骤的目的在于说明这样一个事实"摄影是说谎的……它说出的不是真相,而是文化编码"(Perloff 1997:42)。

但是,巴特的主张远比断定摄影的表面指涉性复杂。他从母亲五岁的照片中所得出的是对刺点新的定义:刺点现在不再和"细节"相关,而是指"时间,对实质(*这个存在过*)的令人痛楚的强调,即实质的纯粹再现"(CL:95)。巴特认为,摄影,这种有名的我们用来捕捉生活和活着的现代媒介的悖论在于,它的刺点和真正本质是用来证明死亡的真实性、它的指代物的"*曾存在*"性。在《符号帝国》中,在许多其他被包括进来的照片中,巴特复制了与这一论点相关的两张照片:奈木将军及其大人(这两张照片的指代物),在得知天皇的死讯后,在 1912 年 9 月决定自杀。他们还决定在自杀的前一天拍下自己的照片。这两张照片完美地体现了巴特所说的刺点的新定义:照片展示了两个人的"*曾一直在那儿*",这两个人已经死了,但是在照片上,"*他们即将死去*"。按照巴特的观点,这就是照片所做的,展示在场、指代物的真实性,同时又彰显了它的过去性。因而,摄影的指代物,为我们提供了某种事物的真实性,这种真实性是在过去的,因而被失掉了。所以,照片并不提供一种在图像和指代物之间的直接的类比关系;相反,他们证实了那种已经死去或即将死去的真实性。与在图像和现实性之间提供一种透明的、无编码的

媒介相反,照片打乱了我们对于空间和时间的惯常理解。巴特写道:

> 照片的静止不动似乎是两种概念——真实与鲜活——之间反常的含混不清的结果:在证明那个物体是真实的同时,这种含混的概念偷偷摸摸地引诱人相信,那个物体是活的,就因为有这样一个使我们为真实赋予了绝对高级、如同永恒的时值的圈套;但是,通过把真实转移到过去(**这个存在过**)的办法,它又暗示那个物体已经死去。
>
> (CL:79)

在巴特叙述他发现了冬季花园这张照片的高潮部分,他将这种对摄影的体验称为双重失却。在发现母亲还是孩子时的照片时,他写道:

> 我两次失去了她,一次是最后那张疲惫不堪的照片里的她,一次是第一张(对我来说是最后一张)照片里的她;可是,也就是在那个时候,一切都翻转过来了,我终于重新发现了"本来面目的她"。
>
> (CL:71)

在许多关于摄影的刺点的新的定义的描述中,巴特反复提到这种双重效果:在这一过程中失去的被找到,找到后又再失去:

　　刺痛我的,是我发现了这个等值。面对我母亲儿时的照片,我想:她会死的,我因为**已经发生了的灾难**……而颤抖。不管照片上的人是死了还是没死,每张照片就是这种灾难。

(CL:96)

这种失去至爱,在照片中又发现他们、失去的过程再被重复的模式,被巴特描述为一个"一切都翻转过来"的时刻。这个模式事实上正是我们在分析《明室》中一直注意到的:在书的第一部分,原本对研点和刺点的区分理论失败了;巴特在第二部分,又以他母亲的照片和他对照片的个人反应为基点,重提这种理论区分。这个基点又一次否定了其一般理论的性质。一旦这种模式被理解为整个文本的标志,就能解释《明室》中的悖论。巴特的文本远不是呈现一种关于摄影的一般理论,而是出色地体现了对于蔑视语言的概括性暴力的巴特来说,将他所尊崇和表达的个人的、情绪的反应,交付于语言(被一般化的写作符号系统)的不可能性。巴特的最后一本书是一种反抗行为,这个文本挑战(不顾)它自身的不可能性的认识。这是一个与他的写作生涯一直所抗争的力量相对的文本:语言吸收那些新的、特别的东西的力量并把它们转化为文化上被接受的、一般性的,因而变得空洞。《明室》力图保护他的母亲的形象不被文化同化(语言的概括性暴力),同时又知道这种保护是不可能实现的。这是一个从巴特自己的身体出发的文本,也许在他所有众多的作品当中,这一文本最生动且深刻地体现了巴特独有的反叛声音的清晰的纹理。

小　结

　　本章我们在巴特后期写作的语境下，解读了他的最后一本书，并从这一个人文本中发现了一种抵制所有语言中固有的巩固性暴力的努力。在《明室》中巴特将理论写作和对他母亲的深切悼念混合在一起，呈现出一个证明了在他的后期写作中什么是"不可复制的"理论的文本。巴特的《明室》在追求一种不可能的写作实践（理论的同时又是个人的，一般性的同时又是完全个别的），试图抵制、反抗语言的暴力，这种语言的暴力会将他的母亲转化成母亲形象的原型。《明室》通过执行个人化的写作行为，在摄影的性质及总体上所说的"再现"等方面，为它的读者提供了许多尽管不能直接运用、但富有启发性的见解。

当我们提到一个作家的影响时,倾向于犯定量分析的错误,好像影响是个可衡量的词:一个作家有或多或少的影响。巴特作品的其中一项影响是,它让我们重新认识那些常见之物,比如影响这个词。毕竟,影响分为很多种。了解这一事实的方法之一是考虑"巴特之后"这个短语的意思 。"after"(之后)这个词可以联系到许多文学术语。我们可能会联想到十八、十九世纪在戏剧界流行的"剧末小品(剧)"。剧末小品是一种剧,通常是喜剧或闹剧性质,只有一幕,在主要剧目之后演出。我们也许会想到诗歌写作按照某种大诗人或在大诗人之后的传统,比如"莎士比亚之后"的诗歌或"济慈之后"的诗歌。当然,我们需要知道这个词的字面意思。翻阅词典后,我们发现这个词有互相矛盾的意义:"地点或顺序上后面的"(OED),例如,某人在竞赛的胜者之后;也指"时间上后面的,紧随其后的",或者,换句话说,在某人或某事之后的人或事。"after"这个词,看上去既可以指在后面,也可以指在前面。

我们从单词"after"得到的第一层意义将我们指向巴特之死这个事件本身和紧接着的影响。这一事件在很多方面扮演了巴特生命的一个小小的、闹剧式的"剧末小品"。第二层意义将我们引向单词"influence"的传统的意义,尤其是巴特的作品是否为随后的理论家和批评家提供了模仿的素材。"after"的最后一层意义在于我们如何理解巴特作品多种影响的复杂模式,即巴特作品中的哪些元素已经被取代和超越,又有哪些元素还在持续着或者根本还没被认识到。

罗兰·巴特之死

1980 年 2 月 25 号,巴特出席了由后来的法国总统弗朗索瓦·密特朗举办的午宴。收到这样的邀请无疑显示了巴特在晚年的显赫名声:据说密特朗尤其喜爱《神话学》中对日常法国文化生活的描写(见 Calvet 1994:248)。离开午宴所在地,巴特决定步行回家,在穿越学院路时被一辆经过的洗衣店货车撞倒。卡尔维这样写道:

> 不省人事,鼻子流血,巴特身上没带身份证和其他任何形式的身份证明,他被救护车送到了萨尔裴德谢医院。没人知道他是谁,这也是为什么媒体在很长时间后才得到消息。
>
> (Calvet 1994:248)

巴特在医院度过了整整一个月,此间他的朋友和同事都来探望

134

过,最终于 3 月 26 日逝世。对于很多探望者来说,巴特看上去从未从丧母中恢复,也缺乏从他的事故中恢复的足够的意志力。有学者提出,在之前出版的《明室》中,巴特称这个文本是"我最后的探究"(Todorov 2000:128)。确实如此,在思索冬季花园这张照片以及他母亲之死的含义时,巴特就写道:"她一死,我再没有任何理由要和更高一级的生命力(种族、物种)的进程保持一致了……从现在起,我能做的就只有等待我的彻底的、非辩证的死亡了"(CL:72)。巴特的死,由于洗衣店货车事故显得滑稽,但已经被之前母亲的死奠定了悲剧性基调。巴特的死,同样被另一个人的死所盖过。1980 年 4 月 15 日让-保罗·萨特去世。卡尔维写道:

135

> 出席巴特在于尔特墓地的葬礼的只有他的少数几个朋友,而萨特在蒙特帕纳斯墓地的葬礼吸引了超过五万人。另外,1990 年巴特逝世十周年时,媒体几乎没有提到这一纪念日,而萨特逝世十周年时,广播和电视都推出了纪念活动。
>
> (Calvet 1994:254)

紧接在巴特之后的萨特之死的讽刺性在于媒体的报道及它们将知识分子划分成"著名的"和"不那么著名的"两类。这样的讽刺性让人希望巴特还活着,以去神话化这样的做法。但是,如果我们过于表面地解读卡尔维的阐述,把巴特之死变成一出悲喜交加的剧末小品,在这部小品中,历史的波浪(以萨特及对他的逝去的全国性哀悼的形态)立刻吞没了他的形象和影响,那么我们就错了。巴特曾经并且持续发挥着他复杂的影响力。无论是在 1980 或 1990 年,还是在今天,都需要去了解他的重要性。

巴特的影响力

巴特思想对于人文学科中的许多领域都产生了巨大影响力。例如,当今任何讨论文学作品的作者这一问题的人,都不可能不参考巴特的"作者之死"。文本和互文性等概念对于文学研究一直发挥着重大的影响,巴特的重要作品不可否认地以这些概念作为特征。现代文化研究学科本身及其实践都贯穿着巴特的影响。其现代形式,可以说从《神话学》《流行体系》等文本及无数巴特作为理论家生涯中的文章里汲取了许多启发。任何学习媒体学,或表现形式,或政治和文化的学生,都不可能忽略巴特的作品。

对于摄影的理论讨论仍然严重依赖巴特在这一领域的开创性作品;现代语言学学科的某些部分仍然受他的著作的影响。新的领域的理论和批评作品,尤其是新的信息技术和计算机系统方面,广泛运用巴特的作品。超文本理论和实践领域的先驱,乔治·P.兰多和其他这一领域的顶尖理论家一样,在他的著作中给予巴特以首要地位(见 Landow 1992,Landow 1994 和 Tuman 1992)。在学者和评论者们探索计算机科技促使我们重新评估和发展对语言和文学的理解的方式时,巴特的文本性和可写性文本的作品一直是能够为此类研究做基点的最有成效的模式。

巴特的著作因此不可避免地与理论的概念和实践联系在一起。当我们进行任何一种理论工作时,都在实践着一种或几种由巴特帮助建立起来的话语模式。在我们现在称为理论写作的许多分支中,对于巴特作品的引用大量存在。但是,巴特*之后*,无人再进行理论活动,这一点仍然属实。茨维坦·托多洛夫认为,巴特完全不是那种可以被模仿、仿效、系统地追随的大师。托多洛夫声称"如果在世界的某处存在着巴特式的人,他们无法在一套普遍概念中获得共同的认同感"。托多洛夫提出,巴特"为自己创造了一种推翻在话语中所固有的可掌握性的角色,通过承担起这样的角色,他使自己不可替代"(Todorov 2000:123-4)。茱莉亚·克里斯蒂娃在回顾巴特的作品及影响时,支持托多洛夫的"巴特不是一个可被模仿的大师,而是一个不可替代的作家"的观点:"没有所谓的巴特的"弟子",只有通常对于作家来说的,追随者"(Kristeva 2000:140)。

本书的读者可以理解巴特为什么不是一个他人能严格模仿的理论家。如果想要仿效巴特对叙事作品的结构分析,必须意识到巴特通过发展文本分析的理论拆解了结构分析的步骤。如果模仿巴特在《神话学》等书中的去神话化做法,就必须认识到,在他的后期作品中,巴特在理论和意识形态层面上,都从根本上质疑了这种方法。如果想要模仿巴特后期作品中的享乐主义式批评方法,就无法避免地认识到这一事实:这样的方法从根本上来说是超越了社会和知识团体范围,无法被分享、模仿、仿效。没有人能在一个享乐者*之后*而写作。

我们已经知道,巴特在其整个著述生涯中,致力于那些新的或者不容易被分类的话语。巴特一生中总是参与到那些还没有被主流意识形态所吸收的话语中去。这就意味着巴特作为思想家和作家的遗产在于,无数概念、富有前景的开头和文章、一系列一次性的方法,等待着他的后来人。然而,所有这些元素都无法构成稳定的、永久性的方法,因为,正如我们在本书中所分析的那样,巴特不相信有任何一种方法能够避免被主流文化所吸收。因此,巴特的作品迫使我们怀疑我们所说的单词"理论"的意义所在。理论是否是一种我们用来系统性分析文学和文化文本的方法? 理论是一种质疑所有既定方法、却从不提供能取而代之的确定方法的破坏性力量吗? 理论是在学科中存在着的构成人文学科(文学研究、文化研究、历史、社会学、语言学、哲学等)的正面力量吗? 又或者理论是一种本质上的扰乱和取代人文学科中不同学科用以定义自身的方法的负面力量? 巴特的影响极为分散、难以分类,正是由于他坚定地站在关于理论的两种可能性的后一种。

巴特的著作要求我们通过寻找新的研究的批评对象和新的方法来追随他,而不是尝试模仿他的方法和写作模式这一不可能的任务。可以说,巴特的多种方法,可以以有限的、局部的或战略性的方式来运用,在某个特定的任务中可以采用,但要充分认识到这种做法的临时性特点。与心理分析学依赖弗洛伊德的理论、物理学家仍然依赖爱因斯坦的理论不同,我们无法依靠巴特来得到一种方法。实际上,要模仿巴特是不可能的,因为在众多的可供模仿的巴特之中我们模仿的是哪一个这一问题,瓦解了模仿作者这个概念本身。在巴特*之后*写作,看上去充满了悖论,实则意味着避免模仿他。只需记住《作者之死》的论点和对围绕在作者周围的"世系神话",就能认识到这个明显的悖论的适当之处。《作者之死》的作者,不应、也许也不能被他之后的人降为"结构主义的作者"或"文本分析的作者"。巴特因此避免成为一个作者(大师):对于他来说,写作并不通向一种运动的确立或一种思想流派;写作对于巴特,在他的著名的表述中,是一个不及物动词,这个动词并不需要一个宾语来完成它的动作(RL:11-21)。换句话说,写作的意义存在于写作活动之中,而不在于从这种活动中产生了什么。写作在巴特那里,是一种意义,或许是对意义的打乱而不是意义的生产。

巴特的多重影响?

巴特去世之后的 20 年充满着担忧、理论争鸣及社会文化变迁,这些在他去世时才刚刚开始出现。女性主义理论,作为这一时期的主流理论争鸣形式,经常从巴特那里汲取重要的观念和理论上的例子,通过创造性地阅读巴特的作品进而讨论那些并不是巴特原本的、主要关注的议题(见,例如,Nancy K. Miller-1988)。D.A.米勒在他的《引出罗兰·巴特》(1992)中对巴特作为同性恋作家的揭示也为"酷儿理论"发挥了类似的作用。然而,我们也许会问,在目前的历史时刻,巴特对于最紧迫、最引人注目的事件能够给予我们什么启示? 如果历史目前是由全球化、修辞上同时也是悲剧性地对"恐怖主义"的现实战争、与民族国家不相关联的民族主义的兴起、围绕在人类和人工智能、人类的身体与技术性的身体、活生生的现实与网络世界之间的关系等问题所主导,那么除了一直以来所提供的点滴启发和绝妙的暗示性,巴特的作品还具有现实意义吗? 巴特的作品集中在一种战后法国的语境中,围绕着艺术和思想的先锋派和巴特自始至终视为他生活的社会和文化的主导力量的资产阶级之间的对抗关系。科林·麦凯波这样说道:

> 从一种方面来说,在巴特去世之后评价他的重要性是

愚蠢的。巴特不可能参与 1990 年代(或 2000 年)的争论和事件。他永远是从解放到冷战之间的时间段的一部分——他的文本无法反映苏联式计划经济的失败、"二战"后政治秩序所经历的崩溃,或是民族主义新的重要性……他看上去被卷入了昨天的观点和紧要之事;尽管他的写作风格很优雅(这一点很重要),他的文本看上去过时了。

(MacCabe 1997:72)

今天我们所生活的世界与巴特出生和生活的世界极为不同。巴特逝世 20 年了,在此期间世界格局和我们所面临的议题发生了翻天覆地的变化。

　　然而,当我们说巴特的现实意义或潜在的影响已经逝去时,也要小心。事实上,这样的表述只有针对一个呈现出想要在所有的语境中都适用的方法的理论家时才说得通。对于这样的理论家和这样的方法来说,社会和文化中变化了的情况可以是致命的。然而,巴特刻意避免要求一般意义上的重要性。在他的《巴特的多重死亡》中,雅克·德里达问到"巴特自己难道没有直至最后一刻都在谈论他的死亡,及转喻意义上的他的多重死亡?"(Derrida 2001:59)。这是一个非常有效地说明了巴特作品中没有被考虑到的段落。无疑,在他介绍他的《流行体系》一书时,巴特告诉他的读者在这个文本中被详尽讨论的方法已经被取代,他所陈述的方法"已经过时"(FS:ix),我们也可以在此补充上,"已经死去"。我们已经看到,在后期的文章,例如,1978 年的《形象》,巴特将所有名称以及给予人和各种形式的写作以稳固的、确定的名字的过程和某种程度的"死亡"联系起来。他在这篇文章及别处,写到了他自己作为一个作家被变成了一个

"形象"。"形象"在这里是指某种死亡,一种虚假的遮盖物,一种把写作窒息在僵硬的意义的表面的刻板模式。在他的《作家,知识分子,教师》一文中,巴特声称"我们可以称'作家'(这一单词通常指定一种实践,而不是社会价值)是不可被概括的讯息(由此立即破坏了讯息的本质)的传递者(RL:312)。在巴特的作品中,死亡与他写作生涯中极力对抗的同化过程相类似。对于巴特来说,死亡即被一个名称、形象、意义所吸收,并且发现自己的写作被转化为一种单一的、稳定的、可传达的(可概括的)意义。我们可以拓展这一观点,从而认识到,一种在他*之后*写作的"弟子"盲目模仿所产生的理论方法会造成巴特最终的"死亡"。

巴特为读者所提供的与其说是影响,不如说是范例。这一范例包含一种实践而不是一套固定的观点和方法论步骤:这种实践即一种致力于表达那些还未被吸收的、还没有成为学术或文化共识的写作方式。被巴特所影响即被一种无法模仿又以无数的形式表明了介入模式的不断的可能性的写作范例所影响。这种介入一直是本导读的主题,只能借助于罗兰·巴特这一名字(没有最终所指的能指)被概括。每当一个理论家或小说家、哲学家、摄影家或一个写论文的学生、广告宣传的设计者用既有语言做了某种意想不到或不应发生的事情时,读者就可以感受到巴特的影响力。巴特作为范例从他的作品中,因而从过去打动我们,也激励我们在未来也成为这样的一种范例。

巴特的著作

巴特的完整作品可在 *Œuvres complètes*, three vols, ed. Eric Marty, Paris：Le Seuil, 1993-5.中获得。

——（1953）*Le Degré zéro de l'écriture*，Paris：Le Seuil.（English version，*Writing Degree Zero*，trans. Annette Lavers and Colin Smith，London：Jonathan Cape，1984.）

《写作的零度》（*Writing Degree Zero*）。巴特的首部重要作品。虽然受到很多理论的影响，本书主要是对萨特的《什么是文学?》的回应，将马克思主义和存在主义的文学及关于介入的理论转向语言、风格和写作问题。除了讨论了以上三个问题之外，巴特还回顾了18世纪以来的法国文学，最先讨论了同时代的阿尔伯特·加缪，同时又提出，没有任何形式的写作可以最终避免被资产阶级文化所吸收并同化。2001 年的翻译版本包括了苏珊·桑塔格在 1968 年所作的重要前言。

——(1954)*Michelet par lui-même*, Paris：Le Seuil.（English version, *Michelet*, trans. Richard Howard, New York：Hill and Wang, 1987.）

《米什莱》(*Michelet*)。巴特对法国 19 世纪历史学家米什莱的解读。综合了各种不同的理论方法,包括语言学、历史与心理分析批评来解读米什莱,但同时也遵循了此书所在的整个丛书"解读作者本人"的宗旨,在这本书中囊括了大量米什莱本人的作品片段。

——(1957)*Mythologies*, Paris：Le Seuil.（English version, *Mythologies*, trans. Annette Lavers, London：Jonathan Cape, 1972；*The Eiffel Tower and Other Mythologies*, trans. Richard Howard, New York：Hill and Wang, 1979.）

《神话学》(*Mythologies*)。巴特的《神话学》来自于一系列在 1954—1956 年每月主要在《新文学》发表的文章。除了"占星学"之外,所有这些文章都被收录在两部英语文集中,即《神话学》和《埃菲尔铁塔》。《埃菲尔铁塔》中添加了在法语版本中没被收录的五篇文章:"两家沙龙"、"餐车"、"家庭手工业"、"巴菲特毁了纽约"、"埃菲尔铁塔"。巴特的《神话学》是他最被广泛阅读和具有影响力的书之一。它代表着一种持续的、有时极其诙谐和讽刺的证明符号学有能力解读构成现代(此处指法国)文化的无数"神话"的努力。

——(1963)*Sur Racine*, Paris：Le Seuil.（English version, *On*

Racine , trans. Richard Howard，New York：Hill and Wang，1964.）

《论拉辛》（*On Racine*）。《论拉辛》连同一篇"前言"以当代批评方法为背景，收录了三篇关于这位法国经典戏剧家的文章。第一篇也是最长的一篇，"拉辛人"，运用结构主义和心理分析的方法分析了拉辛悲剧中的根本成分。第二篇"被说出的拉辛"，重点分析了现代资产阶级戏剧使拉辛的悲剧熟悉化的倾向。这种倾向过度强调男女演员的表演，并倾向于一种将意义从被强调的细节中抽出，而不是从拉辛的亚历山大式的诗行的形式意义中抽出意义的表演方式。也就是说，在现代资产阶级戏剧中，拉辛的"音乐"，被认为取决于演员的表演方式，而不是取决于拉辛的高度形式化和具有历史距离感的诗歌。第三篇文章，"历史还是文学"，攻击了巴特所认为的"大学式批评"，并要求以直接的文学理论方法来取代"大学式批评"。

——（1964）*Essais critiques*，Paris：Le Seuil.（English version，143
Critical Essays，trans. Richard Howard，Evanston：Northwestern
University Press，1972.）

《批评论文集》（*Critical Essays*）。在所有巴特生前身后所发表的论文集中，《批评论文集》是最重要的一本。代表了截至1960 年代中期巴特的主要思想，这部选集包括的文章补充了他关于"文学"、"写作"及"介入"、布莱希特戏剧和资产阶级戏剧、新小说、先锋派、现代神话等作品中的观点。文集还包括关于符号学和结构主义是如何兴起的重要文章。

——（1964）*Eléments de sémiologie*，*Communications*，no. 4，re-
published as *Le Degré zéro de l'ecriture*，*suive de*：*Eléments de
sémiologie*，Paris：Gonthier，1965.（English version，published

with Writing Degree Zero, *Elements of Semiology*, trans. Annette Lavers and Colin Smith, London: Jonathan Cape, 1984.)

《符号学原理》(*Elements of Semiology*)。《符号学原理》体现了巴特为《神话学》、《流行体系》和其他相关的符号学著作奠定理论基础的最为持久的努力。

—— (1966) *Critique et verité*, Paris: Le Seuil. (English version, *Criticism and Truth*, trans. Katrine Pilcher Keuneman, London: The Athlone Press, 1987.)

《批评与真理》(*Criticism and Truth*)。《批评与真理》是巴特对雷蒙德·皮卡尔的《新批评还是新骗术?》以及其他支持皮卡尔对新批评的批判的文章和媒体评论的回应。这本书分为两部分:第一部分直接回答了皮卡尔和他的追随者。第二部分分析了批评转向语言的意义所在。

——(1967) *Système de la mode*, Paris: Le Seuil. (English version, *The Fashion System*, trans. Matthew Ward and Richard Howard, New York: Hill and Wang, 1983.)

《流行体系》(*The Fashion System*)。巴特在 1957—1963 年完成了本书的研究工作和大部分内容。前言写于 1967 年这本书出版之际,显示了巴特已经从此种符号学研究转向了对于符号的后结构主义理解。因而,这本书可以为读者展示"符号学历史"的一瞬间(p.ix)。这个文本本身展示了巴特将符号学作为一种对文化符号系统解读的最彻底的研究成果。

144

—— (1970) *L'Empire des signes*, Geneva: Skira. (English version, *Empire of Signs*, trans. Richard Howard, New York: Hill and Wang, 1982.）

《符号帝国》(*Empire of Signs*)。巴特对日本的研究并不以准确反映日本文化为目的。巴特写这本书时,他的《如是》的同事正在开展关于其邻国中国的马克思主义政权的研究。这部作品意在引起争论,力图对一种异国的(他者的)物质文化符号做出富有成效的回应,而不是准确的描写它。巴特的这部作品,没有提到日本的战后资本主义现象。日本被巴特解读为一个可以在其内部并针对着它的探索新兴的后结构主义、解构主义理论的文本,这些理论已经开始极大地影响、转化着巴特的著作。

——(1970) *S/Z*, Paris：Le Seuil. (English version, *S/Z*, trans. Richard Miller, New York：Hill and Wang, 1974.)

《S/Z》(*S/Z*)。《S/Z》无疑是巴特最重要的对一部文学文本的单独解读。巴特以巴尔扎克的一篇短篇小说《萨拉辛》为解读对象,用 200 页的篇幅评论、分析了这个文本,从而证明了文学作品的极端多元性。《S/Z》通常被认为象征着结构主义文学批评(尤其是对叙事作品的结构分析)转向了后结构主义。

—— (1971) *Sade*, *Fourier*, *Loyola*, Paris：Le Seuil. (English version, *Sade/Fourier/Loyola*, trans. Richard Miller, New York：Hill and Wang, 1976.)

《萨德/傅里叶/罗耀拉》(*Sade/Fourier/Loyola*)。这个文本将萨德侯爵、圣·依纳爵·罗耀拉和夏尔·傅里叶的作品集合起来。它有意在选择的主题上具有争议性,因为将这三个作家的作品放到一起,意味着将萨德的性爱(色情)作品与依纳爵,圣公理会牧师的宗教写作,及傅里叶的政治乌托邦主义混合在一起。但巴特所关心的，不是他们作品的内容而是他们的写作的相似之处。这三个作者——他们的文本传递了迥然不同的"讯息"——是"长官"，巴特以此来说明它们是"语言的创立者"。巴特的解读在强调每个作者对系统、编码、分类、列表的痴迷方面卓有成效。他的分析表明了二个作者最终所关心的并不是他们的文本和世界的关系，而是文本和他们的语言的一致性、逻辑和内在统一性的关系。因此，这三个作者都产生了如巴特的早期作品《写作的零度》所提出的那种"写作"。

—— (1972) *Nouveaux essais critiques*, Paris: Le Seuil. (English version, *New Critical Essays*, trans. Richard Howard, New York: Hill and Wang, 1980.)

《新批评论文集》(*New Critical Essays*)。巴特的《新批评论文集》最初与《写作的零度》的重印版一同出版，包括关于拉·罗什富科的重要文章"百科全书的插图"，夏多布里昂的《郎塞的一生》以及更为重要的"普鲁斯特和名称"、"福楼拜和句子"。

—— (1973) *Le Plaisir du texte*, Paris: Le Seuil. (English version, *The Pleasure of the Text*, trans. Richard Miller, New York: Hill and Wang, 1975.)

《文本的愉悦》(*The Pleasure of the Text*)。《文本的愉悦》是巴特情色、享乐阅读模式的主要表达文本，难以概括。这种阅读模式考察了读者对于文本在身体上的反应。由 56 个片段式小节构成，按照在目录中出现的单个单词构成的标题的字母顺序编排，在书中的主体部分这些小标题都被省略了。因而，《文本的愉悦》是一个可逆性文本，避免形成一种连贯的、线性的论述，而是在其中建立了一系列二元对立关系术语，其中最重要的一组,即愉悦和享乐。读者应当注意,米勒不断将"significance"翻译成"signification",因而在英译本中抹去了在"significance"这一术语中所包含的细微玄妙之处。

——(1975)*Roland Barthes*, Paris:Le Seuil.(English version, *Roland Barthes by Roland Barthes*, trans. Richard Howard, London:Macmillan, 1977.)

《罗兰·巴特论罗兰·巴特》(*Roland Barthes by Roland Barthes*)。这一文本与巴特的《米什莱》同属 Seuil 出版社的"永远的作家"导读系列。当然,其显著特征是,巴特按照丛书的题目的字面意思"由他自己为他自己所写"。《罗兰·巴特论罗兰·巴特》是一个难以分类的文本,介于自传、对他自己之前的作品的批评和对一个有着多种称呼的人物"RB"、"他"和第一人称的(I 和 me)的小说化叙述之间。文本以声明"它必须被认为是一部小说中的人物所说的话"开始,因而提醒读者注意文本的对象(罗兰·巴特)和写作这个文本的主观声音的不稳定性。在许多方面,《罗兰·巴特论罗兰·巴特》帮助我们在"作者之死"之后,一睹自我写作(自传)的面貌。

146

——(1977)*Fragments d'un discours amoureux*, Paris:Le Seuil.(English version, *A Lover's Discourse:Fragments*, trans. Richard Howard, New York:Hill and Wang, 1978.)

《恋人絮语》(*A Lover's Discourse:Fragments*)。自从出版以来,巴特对于恋爱主体(恋人)的话语的著名探究就成为他最受欢迎、最被广泛阅读的文本之一。按照字母顺序划分成小的部分,这一文本带领读者踏上了组成西方爱情话语的主要互文性意象的小说化旅程。文本是由一个同时是巴特本人、每个读者,最终是每个说出恋人絮语的主体写成。《恋人絮语》在此意义上概括了巴特将系统性和个人化的写作混合起来的后期的写作风格。

——（1977）*Image-Music-Text*，selected and trans. Stephen Heath，London：Fontana/Collins.

《图像—音乐—文本》（*Image-Music-Text*）。对于许多英语国家的读者来说，他们最初是通过这一部广受欢迎的文章选集接触到巴特的写作。尽管包括许多巴特的重要文章，这一选集目前被巴特的其他英语版本的文章选集所取代。

——（1978）*Leçon*，Paris：Le Seuil.（English version，'Inaugural Lecture，Collège de France' in *Barthes*：*Selected Writings*，ed. Susan Sontag，op. cit.，457-78.）

《法兰西学院就职讲演》（Inaugural Lecture，Collège de France）。巴特对他的符号学、教学方法（他的教授职位是"文学符号学"方向）的重要陈述。巴特在这里着重讨论了教学法和权力的关系。

147

—— （1979）*Sollers Écrivain*，Paris：Le Seuil.（English version，*Sollers Writer*，trans. Philip Thody，London：The Athlone Press，1987.）

《作家索勒斯》（*Sollers Writer*）。这个文本收录了巴特关于他的朋友和同事、先锋派小说家菲利普·索勒斯的多篇文章。其中最重要的六篇，最初于1965—1978年出版，题为"戏剧、诗歌、小说"，讨论了索勒斯的文本《戏剧》。这篇文章的主体部分最初于1965年在《批评》杂志上发表。这里所说的版本包括巴特对原来的文章的评论。这篇文章的另一版本可见于索勒斯文本的英译本,由布鲁斯·本德森和于尔叙勒·莫里亚罗翻译为《事件》(见 Sollers,1986)。

—— (1980) *La Chambre claire*: *note sur la photographie*, Paris: Gallimard Le Seuil. (English version, *Camera Lucida*: *Reflections on Photography*, trans. Richard Howard, New York: Hill and Wang, 1981.)

《明室》(*Camera Lucida*: *Reflections on Photography*)。巴特生前出版的最后一本书。既是对摄影学本质的分析研究,也是个人对失去母亲的深思之作。这一文本一直引发重要的讨论和争论。在巴特摄影学的笔记中的研点和刺点的区分,可以有效地解读巴特后期作品中的主要主题。这些主题标出了一种总体的社会性的可以被表达的摄影学意义和一种独特的、不可重复的、体现在身体层面上的个人意义之间的不同。尽管一些批评家已经指出巴特在此处的论点与他的后结构主义作品中的要旨是互相矛盾的,但这一文本同样可以(如本导读所示)被解读为一部与巴特的后结构主义的观点一致的,蔑视语言的吸收性、暴力性的极为严肃的作品。

—— (1981) *Le grain de la voix*: *entretiens 1962—1980*, Paris: Le Seuil. (English version, *The Grain of the Voice*: *Interviews 1962—1980*, trans. Linda Coverdale, New York: Hill and Wang, 1985.)

《声音的纹理:1962—1980 访谈录》(*The Grain of the Voice*: *Interviews 1962—1980*)。进行巴特研究的至关重要的材料。收进了并非全部,但数量繁多的巴特自 1962 年以来的访谈。巴特经常接受访谈,他的魅力和机智在他的回答和叙述中显而易见。

这部选集显示了巴特适应于不同的话语背景:显然,他在《如是》、《法国文学》、《世界报》、《费加罗报》和欧洲版的《花花公子》所进行的采访中发出了不同的批评和理论声音。

—— (1982) *Barthes: Selected Writings*, ed. Susan Sontag, Oxford: Fontana.

《巴特选集》(*Barthes: Selected Writings*)。与《图像—音乐—文本》相比,这一选集收录了更多的文本和摘录,但在英语世界中传播巴特的主要思想方面,发挥了相似的作用。包括了编辑的前言性重要文章。包含了巴特的"法兰西学院就职讲演",因而有必要一读。

—— (1982) *L'obvie et l'obtus*, Paris: Le Seuil. (English version, *The Responsibility of Forms: Critical Essays on Music, Arts, and Representation*, trans. Richard Howard, New York: Hill and Wang, 1985.)

《形式的责任:音乐、艺术和再现批评论文集》(*The Responsibility of Forms: Critical Essays on Music, Arts, and Representation*)。研究巴特的音乐和视觉艺术的读者的必读选集。和《符号学挑战》一样,读者可以将这些著名的、经常被收入选集的文章放入更全面、逐步发展的语境下来读。

—— (1984) *Le bruissement de la langue*, Paris: Le Seuil. (English version, *The Rustle of Language*, trans. Richard Howard, New York: Hill and Wang, 1986.)

《语言的窸窣》(*The Rustle of Language*)。一部收录了文学、语言学和理论等不同种类的主题的重要选集。包含了如"作者之死"和"从作品到文本"这样的重要文章,但是也包括其他不那么熟悉但相关的文章。这一选集由理查德·霍华德翻译,提供了经常被引用的文章的新翻译,因而对那些已经变成经典的英文译本做出了改变。例如,在本导读中,我引用了理查德·霍华德的"作者之死"的译文,而不是更为著名的出现在《图像—音乐—文本》中的斯蒂芬·希斯的译文。

—— (1985) *L'aventure sémiologique*, Paris:Le Seuil. (English version, *The Semiotic Challenge*, trans. Richard Howard, Oxford:Blackwell, 1988.)

《符号学挑战》(*The Semiotic Challenge*)。在巴特去世后出版的选集。收集了巴特在叙事理论及符号学的重要文章。整部选集是一部引领读者理解巴特在其结构主义时期的思想发展,尤其是巴特怎样进行对叙事作品的结构分析转向他所称为的"文本分析"的极具价值的指南。

149

——(1987) *Incidents*, Paris:Le Seuil. (English version, *Incidents*, trans. Richard Howard, Berkeley and Los Angeles:University of California Press, 1992.)

《事件》(*Incidents*)。巴特去世后出版的自传性片段。四篇中的其中两篇"西南方向的光亮"和"今晚在帕拉斯剧院……"之前曾于1977年发表在《人道报》上。"事件"是巴特在1968至1969年在摩洛哥逗留期间的日记,写于1979年的"巴黎的夜晚"之前未被出版过。"事件"中的明显情色特征和"巴黎的夜晚"中对朋友和同事的个人化叙述在最终被出版时,引起了争议。很多评论者认为这些文本不应被出版;然而,如狄安娜·奈特所说,在它们面世后,很难"不将它们归为巴特作品的一部分"。显然,"事件"和"今晚在帕拉斯剧院⋯⋯"为那些关注巴特作为同性恋作家和思想家的读者提供了引人入胜的材料,而"巴黎的夜晚"则极大地帮助我们了解了巴特在生命最后一年的孤独、疲惫和失落感。

研究巴特的著作

书籍

Bensmaïa, Réda (1987) *The Barthes Effect*: *The Essay as Reflective Text*, trans. Pat Fedkiew, Minneapolis: University of Minnesota Press.

《巴特效应:作为沉思性文本的散文》(*The Barthes Effect*: *The Essay as Reflective Text*)。将巴特的作品置于一种古老的但通常被忽略的散文式写作传统之中。本萨提出,巴特对片段的运用挑战了对写作类型的主流观念,也使得他与诸如 16 世纪散文家蒙田等不可分类的作家联系了起来。

150　Brown, Andrew (1992) *Roland Barthes*: *The Figures of Writing*, Oxford: Clarendon Press.

《罗兰·巴特:写作手法》(*Roland Barthes*: *The Figures of Writing*)。为书中所描述和讨论的理论作出了重要贡献。该书对巴特作为作家的研究富有原创性及复杂性。不仅仅把巴特作为有着可被改写的观点的理论家,而是以在巴特的作品中可被发现的不同的"写作的手法"为研究线索。这些形象包括漂移、框架和名称、涂写和伤痛。

Calvet, Louis-Jean (1994) *Roland Barthes*, trans. Sarah Wykes,

Oxford：Polity Press.

《罗兰·巴特》(*Roland Barthes*)。一部令人愉悦、信息量大、富有启发性的巴特的传记。将巴特置于他的社会和文化环境中。虽然讨论了巴特的作品,但从根本上来说是一部传记而不是一部批评作品。

Champagne，Roland（1984）*Literary History in the Wake of Roland Barthes：Redefining the Myths of Reading*，Birmingham，Alabama：Summa Publications.

《巴特之后的文学史：重新定义阅读的神话》(*Literary History in the Wake of Roland Barthes：Redefining the Myths of Reading*)。该书主要论证了巴特的作品对我们怎样看待和实践文学史的方式产生的重要启示。

Culler，Jonathan（2002）*Roland Barthes：A Very Short Introduction*，Oxford：Oxford University Press.

《罗兰·巴特：牛津通识读本》(*Roland Barthes：A Very Short Introduction*)。最初于1983年作为丰塔纳大师系列中的一本被出版,现重新在牛津大学出版社的通识读本系列中出版。此书仍然是对巴特的基本观点的出色导读,与该书同时阅读定能受益更多。

Freedman，Sanford and Carole Anne Taylor（1983）*Roland Barthes：A Bibliographical Reader's Guide*，New York and London：Garland.

《罗兰·巴特：书目读者指南》(*Roland Barthes：A Bibliographical Reader's Guide*)。对于巴特高阶研究不可或缺的书目

导读。导读包括了十分有用的作品概要，因此对于初级和中级读者也极为有用。但是仅限于 1980 年代早期的作品。因此读者必须从别处寻找在此日期出版之后的巴特本人和关于巴特的文本。

Knight, Diana（1997）*Barthes and Utopia：Space，Travel，Writing*，Oxford：Clarendon Press.

　　《巴特与乌托邦：空间，旅行，写作》（*Barthes and Utopia：Space，Travel，Writing*）。关于巴特最好的研究之一。作者将乌托邦这一形象作为巴特作品的主导性因素，并论证了这一做法能够为理解巴特的最被人熟知的文本和那些不太知名的文章提供令人耳目一新的观点。此书对于巴特作品的所有方面都极富见解。

Knight, Diana（ed.）（2000）*Critical Essays on Roland Barthes*，New York：G. K. Hall.

　　《巴特研究论文集》（*Critical Essays on Roland Barthes*）。巴特研究的选集。选集按照年代顺序分为三个部分："法国反响：早期评论（1953—1958）"；"法国反响：全盛期（1965—1980）"；"法国反响：纪念巴特"。其余部分编入了英美评论家和理论家对巴特的重要评论。

Lavers, Annette（1982）*Roland Barthes：Structuralism and After*，London：Methuen.

　　《罗兰·巴特：结构主义及其后》（*Roland Barthes：Structuralism and After*）。最早也是最好的研究巴特的书。仍然被今天的学者和评论者引用。此书对巴特作品的批评和理论的接受方面具有某种里程碑意义。

Lombardo, Patrizia (1989) *The Three Paradoxes of Roland Barthes*, Athens and London: The University of Georgia Press.

《罗兰·巴特的三个悖论》(*The Three Paradoxes of Roland Barthes*)。对巴特的精密、深入的分析。围绕着一个最受人喜欢的巴特式主题:悖论。此项研究分为三章,分析了巴特的不同的生产性悖论。

McGraw, Betty R. and Steven Ungar (eds) (1989) *Signs in Culture: Roland Barthes Today*, Iowa: University of Iowa Press.

《文化中的符号:当代罗兰·巴特研究》(*Signs in Culture: Roland Barthes Today*)。巴特研究的有用的论文集。包括了理查德·霍华德、安托万·贡巴尼翁、玛丽·莱登和史蒂文·昂加尔的文章。

Miller, D. A. (1992) *Bringing Out Roland Barthes*, Berkeley: University of California Press.

《引出巴特》(*Bringing Out Roland Barthes*)。米勒的文本是对巴特的批评和理论声音及作为同性恋作家的存在等问题的重要参与。时而捕捉到巴特本人作为作者的声音,时而又完全偏离了这种声音,这个文本煽动起了那些忽略或者故意忽略巴特的同性恋身份及其在作品中的体现的具有挑战性的注意。

Moriarty, Michael (1991) *Roland Barthes*, Oxford: Polity Press.

《罗兰·巴特》(*Roland Barthes*)。所有读者必读研究。完成了将对主要作品的清晰介绍和对巴特写作的政治、文化、文学意义的重要理论分析结合起来这一有难度的任务。

Mortimer, Armine Kotin (1989) *The Gentlest Law: Roland Barthes's 'The Pleasure of the Text'*, New York: Peter Lang.

《最温和的法则:罗兰·巴特的〈文本的愉悦〉》(*The Gentlest Law: Roland Barthes's 'The Pleasure of the Text'*)。对《文本的愉悦》极为仔细的导读,为巴特文本的每一部分提供了评论和互文注释。对巴特文本的翻译、互文文本及知识背景等问题的讨论极为有用。

Rabaté, Jean-Michel (ed.) (1997) *Writing the Image After Roland Barthes*, Philadelphia: University of Pennsylvania Press.

《罗兰·巴特之后的图像写作》(*Writing the Image After Roland Barthes*)。任何对巴特对视觉艺术尤其是摄影学理论和批评的影响感兴趣读者的必读论文选集。选集包括了大量在此领域内的重要作者的文章,证明了巴特在这一领域内的重要性。选集同样包括关于巴特及文学话题的重要文章。

Ribière, Mireille (2002) *Barthes: A Beginner's Guide*, London: Hodder & Stoughton.

《巴特:初学者指南》(*Barthes: A Beginner's Guide*)。快速了解巴特作品中的重要理论和批评观点的有用导读。

Rylance, Rick (1994) *Roland Barthes*, Modern Critical Theorists, Hemel Hempstead: Harvester Wheatsheaf.

《罗兰·巴特》(*Roland Barthes*)。出版于现代重要理论家丛书。此书出色地简要解读了巴特的全部作品,可与本书同时来读。瑞兰斯对巴特的"热"和"冷"的区分提供了一种区分巴特的系统性和有趣性倾向的有效方法。

Shawcross, Nancy M. (1997) *Roland Barthes on Photography*: *The Critical Tradition in Perspective*, Gainsville: University Press of Florida.

《罗兰·巴特摄影学:批评传统透视》(*Roland Barthes on Photography*: *The Critical Tradition in Perspective*)。此书对于任何想要了解更多巴特关于摄影的作品的人都极有帮助。尤其有用的是对摄影历史的讨论。肖克罗斯的文本清晰连贯地解释了巴特在解读摄影图像的理论发展过程中所作出的选择。

153

Stafford, Andy (1998) *Roland Barthes, Phenomenon and Myth*: *An Intellectual Biography*, Edinburgh: Edinburgh University Press.

《罗兰·巴特、现象与神话:思想传记》(*Roland Barthes, Phenomenon and Myth*: *An Intellectual Biography*)。此书将巴特的文章和重要文本回归到它们特定的文化背景中,产生了一种与通常对巴特写作生涯的叙述完全不同的叙述:以月为单位,从头至尾解读了巴特的观点的来源与终点。

Thody, Philip (1977) *Roland Barthes*: *A Conservative Estimate*, London: Macmillan.

《罗兰·巴特:一种保守式评价》(*Roland Barthes*: *A Conservative Estimate*)。如副标题所显示,此书是对巴特作品的怀疑性鉴赏。作者擅长于分析巴特的作品和观点与英国批评和文学传统的相似点与不同点。由于他看上去更倾向于更为实证主义的英国传统,因此我们无法弄懂作者希望我们接受还是排斥巴特的作品。

Ungar, Steven （1983） *Roland Barthes: The Professor of Desire*, Lincoln and London: University of Nebraska Press.

《罗兰·巴特:欲望的宣扬者》(*Roland Barthes: The Professor of Desire*)。对巴特作品的富有启发性同时又极为明晰的研究。昂加尔恰当地包括了对巴特从结构主义到后结构主义转换时期的教学方法。巴特在后期作品中从文学的科学转向"形象",被昂加尔认为是一种对欲望的宣扬。阅读的身体基础对于教学和批评来说都有着重要的启示。

Wiseman, Mary Bittner （1989） *The Ecstasies of Roland Barthes*, London: Routledge.

《罗兰·巴特的忘形》(*The Ecstasies of Roland Barthes*)。对巴特后期作品富有想象力的、哲学式的回应。怀斯曼的书为巴特作品的资深读者和研究者提供了许多挑战和激发性作用,绝非像一本导读书那么简单。

网上参考资料

在科罗拉多大学丹佛校区(University of Colorado at Denver)的 *Semiotics* 网站上汇编了许多关于巴特的条目,包括萨拉·茹普科的文化研究中心(Cultural Studies Centre)或 *PopCultures.com* 的网站。这一网站包括了学术文章、传记性作品及巴特作品的选集。乔治·P.兰多的《罗兰·巴特和可写性文本》(*Roland*

Barthes and the Writerly Text)产生了一个从他的《超文本》中摘出的超文本版本,还有其他补充的有用的材料。罗伯特·克拉克的《文学百科全书和文学词典》有许多由本书作者所写的关于巴特的条目;这些条目对巴特的某些作品的解读比本书更为详细,可供读者拓展他们对巴特主要思想的认识。

参考文献

Adorno, Theodor (1991) *The Culture Industry: Selected Essays on Mass Culture*, ed. and intro. J.M. Bernstein, London and New York: Routledge.

Allen, Graham (2000) *Intertextuality*, The New Critical Idiom, London:Routledge.

Attridge, Derek (1997) 'Roland Barthes's Obtuse, Sharp Meaning and the Responsibilities of Commentary', in Jean-Michael Rabaté (ed.)*Writing the Image After Roland Barthes*, Philadelphia: University of Pennsylvania Press, 77-89.

Bakhtin, Mikhail (1984) *Problems of Dostoevsky's Poetics*, trans. and ed. C. Emerson, Minneapolis: University of Minnesota Press.

——(1986) *Speech Genres and Other Late Essays*, trans. V. W. McGee, eds C. Emerson and M. Holquist, Austin, Tex.: University of Texas Press.

——and V.N. Volosinov (1986) *Marxism and the Philosophy of Language*, trans. L. Matejka and I.R. Titunik, Cambridge, Mass. and London: Harvard University Press.

Barthes, Roland (1964) *On Racine*, trans. Richard Howard, New York: Hill and Wang.

——(1972) *Critical Essays*, trans. Richard Howard, Evanston: Northwestern University Press.

——(1972) *Mythologies*, trans. Annette Lavers, London: Jonathan Cape.

——(1974) *S/Z*, trans. Richard Miller, New York: Hill and Wang.

——(1975) *The Pleasure of the Text*, trans. Richard Miller, New York: Hill and Wang.

——(1976) *Sade, Fourier, Loyola*, trans. Richard Miller, New York: Hill and Wang.

——(1977) *Roland Barthes by Roland Barthes*, trans. Richard Howard, London: Macmillan.

——(1977) *Image-Music-Text*, selected and trans. Stephen Heath, London: Fontana/Collins.

——(1978) *A Lover's Discourse: Fragments*, trans. Richard Howard, New York: Hill and Wang.

——(1979) *The Eiffel Tower and Other Mythologies*, trans. Richard Howard, New York: Hill and Wang.

——(1980) *New Critical Essays*, trans. Richard Howard, New York: Hill and Wang.

——(1981) ' Theory of the Text ' in Robert Young (ed.) *Untying the Text: A Post-Structuralist Reader*, trans. Ian McLeod, London: Routledge and Kegan Paul, 31-47.

——(1981) *Camera Lucida: Reflections on Photography*, trans. Richard Howard, New York: Hill and Wang.

——(1982) *Empire of Signs*, trans. Richard Howard, New York: Hill and Wang.

——(1982) *Barthes: Selected Writings*, ed. Susan Sontag, Oxford: Fontana.

——(1983) *The Fashion System*, trans. Matthew Ward and Richard Howard, New York: Hill and Wang.

——(1984) *Writing Degree Zero*, trans. Annette Lavers and Colin Smith, London: Jonathan Cape.

——(1984) *Elements of Semiology*, trans. Annette Lavers and Colin Smith, London: Jonathan Cape.

——(1985) *The Grain of the Voice: Interviews* 1962 – 1980, trans. Linda Coverdale, New York: Hill and Wang.

——(1985) *The Responsibility of Forms: Critical Essays on Music, Art, and Representation*, trans. Richard Howard, New York: Hill and Wang.

——(1986) 'Event, Poem, Novel' in Philippe Sollers, *Event*, trans. Bruce Benderson and Ursule Molinaro, New York: Red Dust.

——(1986) *The Rustle of Language*, trans. Richard Howard, New York: Hill and Wang.

——(1987) *Sollers Writer*, trans. Philip Thody, London: The Athlone Press.

——(1987) *Michelet*, trans. Richard Howard, New York: Hill and Wang.

——(1987) *Criticism and Truth*, trans. Katrine Pilcher Keuneman, London: The Athlone Press.

——(1988) *The Semiotic Challenge*, trans. Richard Howard, Oxford: Blackwell.

——(1993—5) *Œuvres complètes*, three vols., ed. Eric Marty, Paris: Le Seuil.

——(1998) 'Responses: Interview with *Tel Quel*' in Patrick ffrench and Roland-François Lack (eds) The 'Tel Quel' Reader, trans. Vérène Grieshaber, London and New York: Routledge.

——(2001) Writing Degree Zero, trans. Annette Lavers and Colin Smith, Preface by Susan Sontag, New York: Hill and Wang.

Bensmaïa, Réda (1987) The Barthes Effect: The Essay as Reflective Text, trans. Pat Fedkiew, Minneapolis: University of Minnesota Press.

Blackburn, Simon (1994) Oxford Dictionary of Philosophy, Oxford and New York: Oxford University Press.

Bourdieu, Pierre (1988) Homo Academicus, trans. Peter Collier, Cambridge: Polity Press.

Brecht, Bertolt (1962) Mother Courage and her Children. A Chronicle of the Thirty Years War, trans. Eric Bentley, London: Methuen.

Brown, Andrew (1992) Roland Barthes: The Figures of Writing, Oxford: Clarendon Press.

Burgin, Victor (1996) In/Different Spaces: Place and Memory in Visual Culture, Berkeley, Los Angeles and London: University of California Press.

——(1997) 'Barthes's Discretion', in Jean-Michael Rabaté (ed.) Writing the Image After Roland Barthes, Philadelphia: University of Pennsylvania Press, 19-31.

Calvet, Louis-Jean (1994) Roland Barthes: A Biography, trans. Sarah Wykes, Oxford: Polity Press.

Camus, Albert (1975) The Myth of Sisyphus, Harmondsworth: Penguin.

——(2000) The Outsider, Harmondsworth: Penguin.

Champagne, Roland (1984) Literary History in the Wake of Roland Barthes: Redefining the Myths of Reading, Birmingham, Alabama: Summa Publications.

Cuddon, J. A. (1991) *Dictionary of Literary Terms and Literary Theory*, Harmondsworth: Penguin.

Culler, Jonathan (2002) *Roland Barthes: A Very Short Introduction*, Oxford: Oxford University Press.

Derrida, Jacques (1973) *Speech and Phenomenon and Other Essays on Husserl's Theory of Signs*, trans. David B. Allison, Evanston: Northwestern University Press.

——(1976) *Of Grammatology*, trans. Gayatri Chakravorty Spivak, Baltimore and London: The Johns Hopkins University Press.

——(1981) *Writing and Difference*, trans. Allan Bass, London: Routledge and Kegan Paul.

——(2001) 'The Deaths of Roland Barthes', in Pascale-Anne Brault and Michael Naas (eds) *The Work of Mourning*, Chicago and London: The University of Chicago Press, 31-67.

ffrench, Patrick (1995) *The Time of Theory: A History of 'Tel Quel'*, Oxford: Clarendon Press.

——and Roland-François Lack (eds) (1998) *The 'Tel Quel' Reader*, London and New York: Routledge.

Foucault, Michel (1979) 'What is an Author?' in José V. Harari (ed.) *Textual Strategies: Perspectives in Post-Structuralist Criticism*, New York: Cornell University Press, 141-60.

Freedman, Sanford and Carole Anne Taylor (1983) *Roland Barthes: A Bibliographical Reader's Guide*, New York and London: Garland.

Grosz, Elizabeth (1990) *Jacques Lacan: A Feminist Introduction*, London and New York: Routledge.

Hawthorn, Jeremy (1992) *A Concise Glossary of Contemporary Literary Theory*, London and New York: Edward Arnold.

Jefferson, Ann and David Robey (1986) *Modern Literary Theory: A Comparative Introduction*, London: B.T. Batsford.

Knight, Diana (1997a) *Barthes and Utopia: Space, Travel, Writing*, Oxford: Clarendon Press.

——(1997b) 'Roland Barthes, or The Woman Without a Shadow' in Jean-Michael Rabaté (ed.) *Writing the Image After Roland Barthes*, Philadelphia: University of Pennsylvania Press, 132-43.

——(ed.) (2000) *Critical Essays on Roland Barthes*, New York: G.K. Hall.

Kristeva, Julia (1980) *Desire in Language: A Semiotic Approach to Literature and Art*, ed. Leon S. Roudiez, trans. Thomas Gora, Alice Jardine and Leon S. Roudiez, New York: Columbia State University Press.

——(1984) *Revolution in Poetic Language*, trans. Margaret Waller, New York: Columbia University Press.

——(2000) 'Barthes's Voice' in Diana Knight (ed.) *Critical Essays on Roland Barthes*, New York: G.K. Hall, 138-41.

Lacan, Jacques (1989) *Écrits: A Selection*, trans. Alan Sheridan, London: Tavistock/Routledge.

Landow, George P. (1992) *Hypertext: The Convergence of Contemporary Critical Theory and Technology*, Baltimore and London: The Johns Hopkins University Press.

——(ed.) (1994) *Hyper/Text/Theory*, Baltimore and London: The Johns Hopkins University Press.

Langiulli, Nino (ed.) (1997) *European Existentialism*, New Brunswick and London: Transaction Pubs.

Lavers, Annette (1982) *Roland Barthes: Structuralism and After*, London: Methuen.

Lévi-Strauss, Claude (1966) *The Savage Mind*, London: Weidenfield & Nicolson.

——(1968) *Structural Anthropology*, trans. Claire Jacobson and

Brooke Grundfest Schoepf, Harmondsworth: Penguin.

——(1992) *The Raw and the Cooked. Introduction to a Science of Mythology*: 1 , trans. John and Doreen Weightman, Harmondsworth: Penguin.

Lombardo, Patrizia (1989) *The Three Paradoxes of Roland Barthes*, Athens and London: The University of Georgia Press.

MacCabe, Colin (1997) ' Barthes and Bazin: The Ontology of the Image', in Jean-Michael Rabaté (ed.) *Writing the Image After Roland Barthes*, Philadelphia: University of Pennsylvania Press, 71-6.

Macksey, Richard and Eugenio Donato (eds) (1972) *The Structuralist Controversy: The Languages and the Sciences of Man*, Baltimore and London: The Johns Hopkins University Press.

McGraw, Betty R. and Steven Ungar (eds) (1989) *Signs in Culture: Roland Barthes Today*, Iowa: University of Iowa Press.

Miller, D. A. (1992) *Bringing Out Roland Barthes*, Berkeley: University of California Press.

Miller, Nancy K. (1988) *Subject to Change: Reading Feminist Writing*, New York: Columbia University Press.

Moriarty, Michael (1991) *Roland Barthes*, Oxford: Polity Press.

Mortimer, Armine Kotin (1989) *The Gentlest Law: Roland Barthes's ' The Pleasure of the Text'*, New York: Peter Lang.

Perloff, Marjorie (1997) ' "What has ocurred only once": Barthes's Winter Garden/Boltanski's Archives of the Dead' in Jean-Michael Rabaté (ed.) *Writing the Image After Roland Barthes*, Philadelphia: University of Pennsylvania Press, 32-58.

Picard, Ramond (1969) *New Criticism or New Fraud?*, trans. Frank Towne, Pullman: Washington State University Press.

Propp, Vladimir (1984) *Theory and History of Folklore*, ed. Anatoly Liberman, trans. Ariadna Y. Martin and Richard P. Martin, Manchester: Manchester University Press.

Rabaté, Jean-Michel (ed.) (1997) *Writing the Image After Roland Barthes*, Philadelphia: University of Pennsylvania Press.

Ribière, Mireille (2002) *Barthes: A Beginner's Guide*, London: Hodder & Stoughton.

Robbe-Grillet, Alain (1960) *Jealousy*, trans. Richard Howard, London: John Calder.

Ross, Kristin (1995) *Fast Cars, Clean Bodies: Decolonization and the Reordering of French Culture*, Cambridge, Mass. and London: The MIT Press.

Rylance, Rick (1994) *Roland Barthes*, Modern Critical Theorists, Hemel Hempstead: Havester Wheatsheaf.

Sartre, Jean-Paul (1956) *Being and Nothingness: An Essay on Phenomenological Ontology*, trans. Hazel E. Barnes, New York: Philosophical Library.

——(2001) *What is Literature?*, trans. Bernard Frechtman, intro. David Chute, London: Routledge.

Saussure, Ferdinand de (1974) *Course in General Linguistics*, ed. Charles Bally, Albert Sechehaye in collaboration with Albert Reidlinger, trans.Wade Baskin, London: Fontana.

Shawcross, Nancy M. (1997) *Roland Barthes and Photography: The Critical Tradition in Perspective*, Gainsville: University Press of Florida.

Sollers, Philippe (1986) *Event, with an Essay by Roland Barthes*, trans. Bruce Benderson and Ursule Molinaro, New York: Red Dust.

Solomon, Robert C. (1988) *Continental Philosophy Since 1750: The Rise and Fall of the Self*, New York and Oxford: Oxford University Press.

Stafford, Andy (1998) *Roland Barthes: Phenomenon and Myth: An*

Intellectual Biography, Edinburgh: Edinburgh University Press.

Thody, Philip (1977) *Roland Barthes: A Conservative Estimate*, London: Macmillan.

Todorov, Tzvetan (2000) 'Late Barthes', in Diana Knight (ed.) *Critical Essays on Roland Barthes*, New York: G.K. Hall, 123-8.

Tuman, Myron C. (ed.) (1992) *Literacy Online: The Promise [and Peril] of Reading and Writing with Computers*, Pittsburgh and London: University of Pittsburgh Press.

Ungar, Steven (1983) *Roland Barthes: The Professor of Desire*, Lincoln and London: University of Nebraska Press.

Wiseman, Mary Bittner (1989) *The Ecstasies of Roland Barthes*, London and New York: Routledge.

索 引

罗兰·巴特思想源流简图

杨晓文　绘

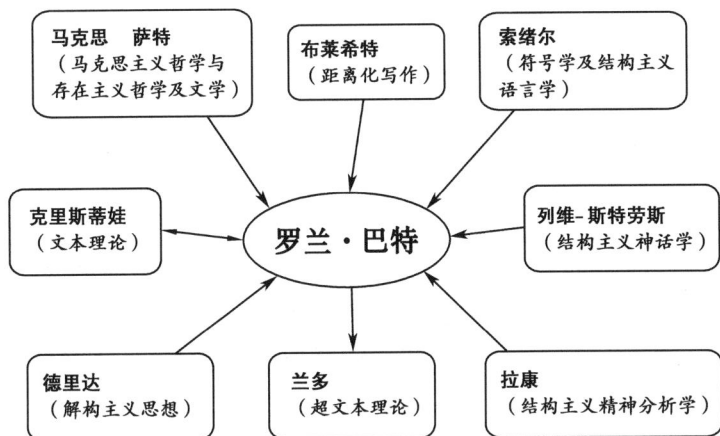

马克思　萨特
（马克思主义哲学与存在主义哲学及文学）

布莱希特
（距离化写作）

索绪尔
（符号学及结构主义语言学）

克里斯蒂娃
（文本理论）

罗兰·巴特

列维–斯特劳斯
（结构主义神话学）

德里达
（解构主义思想）

兰多
（超文本理论）

拉康
（结构主义精神分析学）

巴特百年

钟晓文

在 20 世纪西方现代与后现代思潮中,罗兰·巴特无疑是一位非常重要的代表性人物。作为当代著名文学理论家、批评家与符号学家,从 1950 年代到 1970 年代,他一直活跃在法国先锋派思潮前沿,是新的文学理论与文化批判思潮的领衔人物,一位文学批评的伟大旗手。作为现代西方最重要的思想家之一,罗兰·巴特的一生,是不断质疑、不断否定、不断探索、不断开拓新的研究空间和研究领域的一生。

巴特文论思想融科学理性与批判精神为一体,以"系统"、"结构"、"文本"与"符号"为核心,以语言符号形式为基本分析对象,形成四大理论板块:结构主义文论、符号理论、文本理论、后结构主义文论。巴特大胆进行各种理论与方法论创新,把索绪尔语言学理论与方法全面移植到文学批评,构建了一套完整的结构主义文学理论与批评方法;他所建构的符号理论,既进行文学分析又运用于大众文化批评,提供了一种崭新的解读视角与方法;他的文本理论在不同时期虽各有侧重:从"作品"走向"文本",又走向"文本间性",但围绕文本构建了"科学"而"客观"的纯粹形式批评方法;他的后结构主义文论关注"读者",提出了"可写性文本"、"文本愉悦"等新概念,用"絮语"与"断片"的形式力图颠覆、解构文本的整体性与秩序性,揭示文本的多元意义生成。

按时间顺序,巴特的批评生涯主要分为三个时期:①前结构主义时期。巴特以《写作的零度》(1953)、《米什莱》(1954)与《神话学》(1957)为代表,主要着重于文学与文化的意识形态批评,并逐渐引进结构与符号分析方法,基本形成其文本理论雏形,为其结构主义作了理论与实践准备;②结构主义时期。巴特以《论拉辛》(1963)、《批评与真理》(1966)、《符号学原理》(1964)、《叙事作品的结构分析导论》(1966)与文章《作者之死》(1968)为代表,呈现了结构主义文学批评、符号理论、结构分析等理论及发展轨迹,以其文本实践与理论探索积极推动结构主义思潮的发展并达到顶峰,成为法国结构主义一个重要组成部分;③后结构主义时期。巴特以《S/Z》(1970)、《文本的愉悦》(1973)与《恋人絮语》(1977)为代表,逐渐突破结构主义束缚并走向思想前沿,开始转向后结构主义,质疑并揭示结构主义的局限性,更倾向于关注文学符号与结构后面的意识形态和社会关系对文学文本的影响,强调读者的主动性、阅读的创作性等新的文论思想。

格雷厄姆·艾伦的《导读巴特》是一部不可多得的巴特导读。该著以巴特文论思想的核心概念为中心,以简洁明晰的语言,既呈现巴特各个时期的理论探险,亦与读者分享巴特批评实践中的人文与社会关怀。

2015年是罗兰·巴特诞辰100周年,随着时间的推移,他的思想在世界,以及在中国的影响会越来越深远。时间的距离不仅使我们能更清醒、更理智地梳理他的思想脉络,而且为正在建构自己话语系统的中国文学批评界提供一种充满智慧、独创性的理论借鉴。

2015年1月于福州

图书在版编目(CIP)数据

导读巴特/(英)艾伦(Allen,G.)著;杨晓文译.
—重庆:重庆大学出版社,2015.7(2020.6重印)
(思想家和思想导读丛书)
书名原文:Roland Barthes
ISBN 978-7-5624-9211-5

Ⅰ.①导… Ⅱ.①艾…②杨… Ⅲ.①巴特,R.
(1915~1980)—哲学思想—思想评论 Ⅳ.①B565.59

中国版本图书馆 CIP 数据核字(2015)第 136903 号

导读巴特

格雷厄姆·艾伦 著
杨晓文 译

策划编辑:邹 荣 任绪军 雷少波
责任编辑:邹 荣 版式设计:邹 荣
责任校对:秦巴达 责任印制:张 策

*

重庆大学出版社出版发行
出版人:饶帮华
社址:重庆市沙坪坝区大学城西路 21 号
邮编:401331
电话:(023)88617190 88617185(中小学)
传真:(023)88617186 88617166
网址:http://www.cqup.com.cn
邮箱:fxk@cqup.com.cn(营销中心)
全国新华书店经销
重庆市正前方彩色印刷有限公司印刷

*

开本:890mm×1168mm 1/32 印张:7.5 字数:168 千 插页:32 开2页
2015 年 9 月第 1 版 2020 年 6 月第 4 次印刷
ISBN 978-7-5624-9211-5 定价:42.00 元

封面设计:史英男　刘　骥

荒岛書店